2 Bde.

Ursula Eschenbach
Vom Mythos zum Narzißmus
Bildband

# Therapeutische Konzepte der Analytischen Psychologie C. G. Jung

Ursula Eschenbach

Vom Mythos
zum Narzißmus

Bildband

**BONZ.**
Verlag Adolf Bonz GmbH

CIP-Kurztitel der Deutschen Bibliothek

Ursula Eschenbach
Vom Mythos zum Narzißmus
Fellbach: Bonz 1985
(Therapeutische Konzepte
der Analytischen Psychologie C. G. Jung
Band 3)
ISBN 3-87089-361-3
© 1985 by Verlag Adolf Bonz GmbH, Fellbach-Oeffingen
Satz und Druck: Druckerei Scheel GmbH,
Fellbach-Oeffingen

# VORWORT DES VERLAGS

Der Entscheidung, dem Leser das Werk von Frau Dr. Ursula Eschenbach: *Vom Mythos zum Narzißmus* in zwei Bänden, das heißt, einen Textband und einen Bildband, vorzulegen, ging ein langer gedanklicher Reifungsprozeß voraus.

Zwei Gründe schließlich waren es, die den Verlag bewogen haben, diese Form zu wählen:

Zum einen war es die Dynamik der gesamten Bildfolge selbst: Wer – auch ohne den Text zu kennen – dem Bildzyklus mit seinen sorgfältigen Interpretationen und Anmerkungen folgt, dem wird der Entwicklungsweg spürbar und einsehbar, der Weg vom *Selbst zum Ich – vom Ich zum Selbst* – wie ihn die Autorin im Text aufzeigt, wobei immer wieder archaische oder – psychologisch ausgedrückt – archetypische Rückbindungen erfolgen, wie sie auch in den einzelnen Regressionsphasen des Therapierverlaufes »aufgesucht« werden.

Der zweite Grund liegt in der Tatsache begründet, daß nur zwei Bände ein wirklich echtes Parallel-Lesen ermöglichen; denn zu mancher Textseite gehört ein ganzer Bildzyklus, was bei einer einbändigen Lösung zu einer lästigen Blätterei geführt hätte.

Mit Freuden übergibt der Verlag nun dieses Werk der interessierten Öffentlichkeit, und er ist sich der Pionierleistung insofern bewußt, als hier in ausführlicher und kompetenter Weise der Gesamtkomplex des Narzißmus von der Seite der Analytischen Psychologie her behandelt wird. Das Buch hat somit seine gewichtige Bedeutung im Forschungs- und Erfahrungsfeld des psychischen Behandlungsraumes und der daraus entstandenen und auf dem Markt befindlichen Literatur.

Fellbach-Oeffingen 1985

Verlag Adolf Bonz GmbH

# VORWORT DER VERFASSERIN

Der therapeutische Umgang mit dem Bild und der symbolischen Dynamik seiner Inhalte nimmt in der Analytischen Psychologie einen wichtigen Raum ein. Wenn man mit Kindern umgeht, passiert es einem immer wieder, daß man von der schmalen und nackten Wissensinstanz des Bewußtseins heruntergestoßen wird auf die intuitive Weisheitsebene des kollektiven Unbewußten. Das Ich hat sich in Millionen Entwicklungsjahren daran gewöhnt, seine Welterfahrung im Schnittpunkt von Raum und Zeit zu erleben. Es hat sich auch daran gewöhnt, in logisch-linearen Konzepten zu formulieren.

Aber die in diesem Buch dargestellte Traum-Bilder-Welt und die Welt der unbewußt gemalten Bilder ist ein Bereich, der aus Symbolen besteht. Und da muß man anders denken lernen. Ein Symbol hat die Funktion, etwas zu vereinen, das durch die urteilenden Funktionen auseinandergeschnitten wird oder in analytische Einzelteile zerfällt. Bei den Symbolen sollte man die Frage nicht vergessen: was vereint es, was will es verbinden, worin liegt die Verheißung oder der Sinn der conjunctio und damit des Wegweisers zum Mysterium der Individuation?

Aus diesem Grunde wurden für diesen Band aus einer in vielen Jahren sehr groß gewordenen Sammlung Bilder ausgewählt. Sie halten still, verändern sich nicht, wie manchmal verwortete Traumbilder, können aber den Symbolschlüssel verstecken, wenn sie vom inneren »Archäus« her der Meinung sind, daß das betrachtende Ich-Bewußtsein in einer anderen Ebene wandert, als die Bildebene meint.

Wissenschaft braucht den Beweis. Wissen selber aber ist das sehr kostbare Geschenk der sich wiederholenden Erfahrung. Und dazu gehört auch die Bilderfahrung, die Vergleich und kritische Betrachtung zuläßt. Gerade dieses ermöglichen die sogenannten »unbewußten Bilder«, von den verschiedensten Menschen gemalt, aus allen Altersgruppen, weiblich und männlich, und allen Bildungsgraden. Einerseits erscheinen diese Innendokumente ganz individuell, besonders in der formalen Gestaltung, andererseits treffen sie sich in der Ur-Schicht menschlich-psychischen Seins. Hier fügen sich die geheimnisvollen archetypischen Sym-

bolchiffren ein in den Entwicklungsweg zur Ich-Bewußtseinsinstanz aus der Ganzheitsmatrix des Selbst heraus.
Die Begegnung mit dem Malen sollte behutsam erfolgen. Es hat sich therapeutisch als günstig erwiesen, wenn das Signal dafür aus dem unbewußten Prozeß erfahren wird und nicht im Sinne der Beschäftigungstherapie gehandhabt wird. Bei vielen Erwachsenen ist die spontane Bildbegegnung längst hinter Eltern- oder Schulbewertungen verdrängt und mit Minderwertigkeitsgefühlen besetzt. Aber es gibt doch auch viele Menschen, die sich relativ rasch oder eben noch ganz spontan einlassen können und emotional, affektiv oder auch intuitiv irrational von den unbewußten Impulsen über die Empfindungsfunktion ins Bild führen lassen. Hierbei können hintergründige Bilder entstehen, die oft gerade mit spezifischen Komplexen verbunden sind, von oft eigenwilliger und überraschender Strichführung und – fern von aller künstlerischen Gekonntheit oder Differenzierung – eine elementar starke Ausdruckskraft haben.
Diese Bilder entstehen im Dialog der analytischen Situation, oder werden durch aktuelle Traumbilder initiiert.
Man hört immer wieder einmal, daß solche Bilder vorwiegend bei einem Analytiker der »Jungschen Schule« entstehen und damit ja auch »reaktive Leistungserfolge« einer spezifischen Methode sein könnten. Eine solche Kritik ist sicherlich berechtigt. Nicht jeder Analysand malt und nicht jeder Analytiker geht mit Bildern um oder regt zum Malen an. Sie entstehen weniger im Dialog über die Ich-Ebene, aber fast regelmäßig beim Dialog über die Symbol-Ebene. Die Bilder, die in der Ich-Ebene entstehen, sind inhaltlich bewußtseinsnahe, eher zeichenhaft und oft angebunden an »gelernte Konturen«. Ein Dialog darüber bleibt meist an der Oberfläche und provoziert Assoziationen zu meist bekannten Inhalten. Spätere Kommentare lauten dann oft: ach, das bringt ja nichts, da kommt ja nichts dabei raus!
Die unbewußten Bilder bedürfen vor allem der introversiven und subjektbezogenen Betrachtung, um als intimster und eigenster »Besitz« erhalten zu bleiben. Gerade die kollektive Gültigkeit der Symbole ermöglicht dann das Konfrontations-Erlebnis mit den tieferen Schichten, unbekannten Wesensseiten und größtmögliche Annäherung an das Selbst. Dabei ereignet sich substantielle Selbsterfahrung.
Das bildhafte Darstellen ist die früheste sichtbare Aussage des Men-

schen überhaupt. Wie die Erfahrung gezeigt hat, vermögen Bilder manche *Inhalte* besser auszusagen, als Worte. Das um ein Bild herum- oder in ein Bild hineingehende Wort ist wie eine Kreis- oder Spiralmeditation, wobei eine Begegnung zwischen Wort und Bild neue Erkenntniserlebnisse evozieren kann.

Wie aber entsteht ein solches Bild?

Die primäre Haltung würde heißen: es zuzulassen. Alle Voreingenommenheit aufgeben; Farbe und Bewegung mit dem Papier sich selbst begegnen lassen. Von der psychischen Dynamik her entspricht diese zulassende Einstellung einem »abaissement du niveau mental« (Pierre Janet). Aufsteigende Inhalte sollten nicht in die Deutungsebene geholt, sondern der Gestaltung überlassen werden. Es ist eigentlich ein Zustand, der jedem schöpferisch tätigen Menschen vertraut ist. Im urtümlichen Bereich des sich selber Formens ergibt sich zwar auch Kontur und Gestalt, aber ohne Maßstab eines kulturellen Stils. Ur-Form und Ur-Aussage wählen Farbe und Symbol.

Hier liegt das Medium unseres Forschens, unserer Arbeit, unserer Sorge und auch unserer Freude: nämlich die sich jeder Technik, jeder Mechanik und jedem Wissenschaftsmodell entziehende und doch so außerordentlich prägefähige »Seele« des Menschen. In ihr birgt er seine geheimsten und kostbarsten Innenschätze, aber auch seine Dunkelheiten abtrünnig gewordener schöpferischer Energien.

Die dynamische Wirkung des Symbols hat ihre geheime Rolle im geistigen Leben immer behalten. Das symbolische Bild entsteht aus einem angeborenen Impuls, der wie ein ordnender Griff die kollektive Masse des sichtbaren Objektes Welt oder Ding mit der Macht seiner geistigen Innensubstanz zu gestaltetem Dasein zu entwickeln vermag. Das symbolische Bild überspringt die Grenze der Sprache und erfindet immer neue Formen der unmittelbaren Aussage. Es sind dies wohl die metaphysischen Chiffren der inneren Werkstatt des Menschen, die seine einmalige Individualität bestimmen. Hier also befinden wir uns in der »Werkstatt der Analytischen Psychologie«, in die die Menschen mit ihren schiefgelaufenen Seelenschuhen, mit blind gewordenen Seelenfenstern und zugeschlagenen Lebenstüren kommen. Es ist eine stille und sehr arbeitsreiche Werkstätte, die sie bei uns erwartet, und die meisten müssen oft erst einen langen Lehrlings- und Gesellenweg durchlaufen, um aus den tiefen Weisheiten ihrer eigenen inneren Bilder ein neues Werk zu entdecken, für das es sich lohnt zu leben und alle schöpferischen Energien zu entbinden.

Neurose ist keine Krankheit, die man beseitigen kann wie eine Grippe. Die Neurose enthält einen Auftrag für den Betroffenen, seinen bisherigen Lebens-Bericht anzuschauen und sich dabei mit seinem inneren Richter zu konfrontieren, der über die Wahrheit entscheidet und sichtbar werden läßt, wo und warum zu viel oder zu wenig im Geben und Nehmen über das Lebenskonto gelaufen ist.

Das Licht in der Tiefe für die Schatzsuche, das in jedem Menschen verborgen liegt, ist das Symbol, ist das Ur-Bild, das von Beginn an die Entwicklungsgeschichte des Bewußtseins begleitet. Es vermag jedem Augenblick des Daseins mit seinen archetypischen Chiffren Gültigkeit zu verschaffen und demonstriert die Kontinuität geistigen Werdens.

Karlsruhe, 1985

                                                          Ursula Eschenbach

# TEIL I

Abb. 1 (zu Textseite 19)
Griechische Kultfigur, die Mondzyklen symbolisierend:
abnehmender Mond rechter Arm,
zunehmender Mond linker Arm,
Vollmond und Neumond die Beine.

Abb. 2 (zu Textseite 20)
Kreis und Phallus
Keltischer Ritualstein, der bei alten Initiations- und Wiedergeburtsriten als Geburtspassage benutzt wurde.
(Rhe Men-an-tol or Crickstone, near Morvak, Cornwall, c.16 th c.B.C.)

Der »untere« Durchgang ist die notwendige Voraussetzung für die schöpferische Erektivität im phallischen Symbol.

Abb. 3 (zu Textseite 20)
Vergleichsbild aus dem keltischen Kultraum
Kali-Aspekt der großen MUTTERGÖTTIN, wobei gleichzeitig das schöpferisch Gebärende, wie das dämonisch Verschlingende zur Darstellung kommt.
(Corbel, church of St. Mary and St. David, Kilpeck, Herfordshire England)[13]

Abb. 4 (zu Textseite 20)
Die Frauen mit den großen Beinen
Die Liegende von Henry Moore

Abb. 5 (zu Textseite 20)
»Die großen Frauen«
Liegende von Henry Moore

Abb. 6 (zu Textseite 20)
Unbewußte Zeichnung und Bilddialog des Patienten
»Das ist ein Weg, der in die Tiefe führt – mein Suchweg nach der Frau zwischen diesen schwarzen Felsbeinen ... Da oben ist meine Kindheit; aber die Burg steht am Abgrund, das schwarze Tor sieht aus, als würde es in den Felsen führen ... Mitten drin (in der Bildmitte) ist ein Totenkopf, meint der mich?«
Was muß sterben? Kreuzweg ist auch immer Trennung; die rotgetönte Burg ist emotional besetzt, aber sie liegt im Hintergrund und ist biographisch Vergangenheit.
Welcher Komplex lauert hinter der Wegbiegung?
Auf dem Originalbild ist der gesamte Burgkomplex einschließlich der Bäume rot gemalt als Zeichen der starken Gefühlsbetontheit dieses Erinnerungsengrammes.

Abb. 7 (zu Textseite 22)
Unbewußte Zeichnung und Bilddialog des Patienten
Bergbesteigung: Es sind die phallischen Erdbrüste, die erobert werden müssen, damit das dunkle festhaltende Prinzip des matriarchalen Archetyps den empfangend gestalterischen Anteil freigeben kann. Noch reicht die lange Schnur (Nabelschnur) in die Tiefe. Aber die großen Nägel und der schwere, ebenfalls auffallend große Hammer sollen den Aufstieg sichern. Am Horizont scheint, wenn auch nur sehr blass angedeutet, etwas zu explodieren. Ein scharf konturierter Vogel – »das ist ein Raubvogel, ein Greifvogel« – schwebt in den Wolken und im linken oberen Bildraum scheint ein Auge in den Wolken konturiert zu sein. Im Bilddialog wird es kommentiert: »Das kann ja nur ein Gottesauge sein, aber ich bin kein frommer Christ«. Das nur als Möglichkeit intuierte Gott-Vater-Auge unterliegt sofort einer personahaften Abwehr und kann noch nicht in Verbindung gebracht werden mit der phallischen Eroberung des Berges.

Abb. 8 (zu Textseite 22)
Keltische Phallus-Symbolik
(Der Stein stammt aus Minions, Cornwall, England)[14]

Ein Vergleichsbild zur sexuellen Thematik des Patienten zeigt diesen »Lingam« aus dem keltischen Kulturraum in derber Realistik und »Nacktheit«.

Abb. 9 (zu Textseite 23)
Unbewußte Zeichnung und Bilddialog des Patienten
Beginnende Animaauseinandersetzung
Der aus dem Meer (des Unbewußten) auftauchende weibliche Körper ist ohne Kopf und Gliedmaßen, kollektiv eine Schablone der Sexualität. Der groß-dimensionierte Phallus – »das ist ein Fisch« – ist reduziert auf die Funktion des Eindringens; ein Bild totaler Beziehungslosigkeit aber im Wandlungsraum des Horizontes: Meer und Himmel – von hoher energetischer Potentialität.

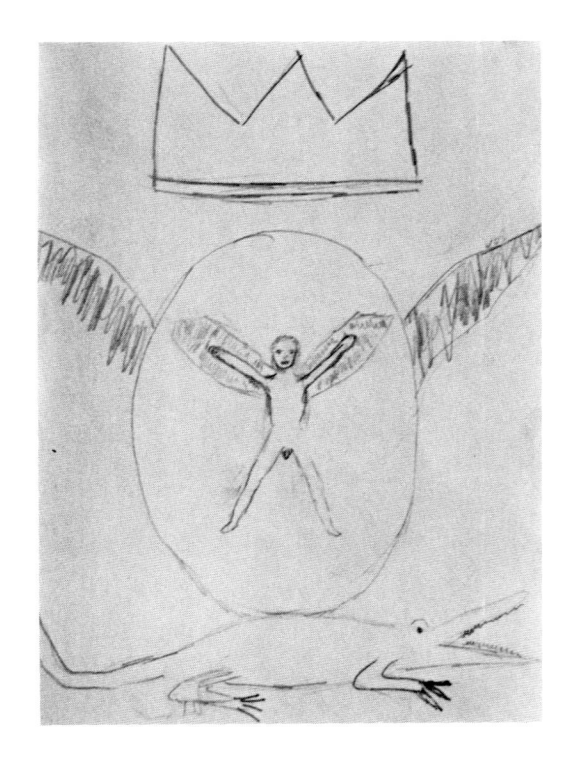

Abb. 10 (zu Textseite 36)
Unbewußtes Bild eines männlichen Patienten mit negativem Mutterkomplex:
Das Krokodil und der Geist des Königs
Das Krokodil und der königliche Geist im Symbol der Krone und dazwischen »in ovo« ein geflügelter Jüngling, der in schwebender Haltung eher an einem Kreuz hängend dargestellt ist. Das Krokodil wirkt hungrig und freßbereit, hat ein intensiv fast starrblickendes Auge und außerdem deutlich konturierte Krallen und Füße. Es ist nach rechts hin orientiert, als würde es auf Kommendes warten. Die im oberen Bildraum dargestellte Krone ist fast so groß wie das Krokodil – aber sie hat nur drei Zacken. Das kann ebenso ein allumfassendes Prinzip darstellen: aus der Eins und der Zwei wird die Drei frei – die aber auch die ungelöste Triade: Vater-Mutter-Kind bedeuten. Jedenfalls scheint das geflügelte Ei auf dem Rücken des Krokodiles zu stehen. Es signalisiert gleichsam einen noch ungeborenen Zustand – oder ist es das Mythologem von Jonas, der von der matriarchalen Tiefe überschluckt und gefressen werden muß, um wiedergeboren zu werden in dem Dialog mit dem großen Vater-Geist? Der uralte Gegensatz konstelliert und fordert den Aufgerufenen in die Entscheidung.

Abb. 11 (zu Textseite 37)
Der Totengott Anubis
Man fand ihn am Eingang zur Totenschatzkammer des legendären Königs Tut-ench-Amun, das heilige Tier des Totengottes, bzw. seine Inkarnation in der Gestalt des Schakales, der über die Grabgeheimnisse wachte. Er ist aber auch der Leiter der Mysterien bei der Einbalsamierung und der Totenführer durch den Initiationsweg der Tiefe und des Gerichtes.

Abb. 12 (zu Textseite 43)
Auch die Götter leiden
»mascera tragica«

Abb. 13 (zu Textseite 47 f.)
Die Felsen und das Echo
Prozeßbild aus dem Unbewußten während einer Regressionsphase von einer 38jährigen Patientin, wobei ein »Verstummen nach Außen« die Symptomatik bestimmt; latente Magersucht.
»Das sind Felsen, die im Kreis stehen und ein enges Tal umschließen. Das ist vielleicht das Kind im Mond, vielleicht stürzt es in das Tal, vielleicht steigt es aber auch daraus hervor. Einmal wäre es dann der Tod, und sonst könnte es vielleicht erst geboren werden ...«
Es macht aber auch eine sehr starr wirkende Abwehrhaltung sichtbar, die nicht an ihre weiblich-weiche Rhythmik herankommen oder hindurchfühlen läßt, sondern eine schroffe Außenseite anbietet.

Abb. 14 (Ergänzungsbild zu Textseite 48)
»Der Kreuzbaum bricht...«
Unbewußtes Bild einer 43jährigen Patientin mit schwerer Depression und vom Traum her signalisierten suizidalen Tendenzen.
Die Patientin sagte, das Kreuz fällt um. Sonderbarerweise aber – und das hat die Patientin weder beim Malen noch bei einer nachträglichen Betrachtung des Bildes bemerkt – scheint aus dem Mittelpunkt des Kreuzes ein neuer Baum herauszuwachsen, beziehungsweise sich eine Lebenskrone nach oben hin zu öffnen. Hinter diesem Kreuzgeschehen, in dem Untergang und Neuwerden sich begegnen, befindet sich ein blasses, ganz in sich versunkenes Gesicht mit halbgeschlossenen Augen und tragischem Gesichtsausdruck. Seltsamerweise erscheint ihm gegenüber – wie in einem Spiegel – ein Augenpaar, das, mit auffallender Intensität und Wachheit wahrnehmend, zum Kontakt auffordert.
Die Spiegelsituation nach Innen hin scheint also vitale Kräfte zu signalisieren, die für die »Kreuzweg-Situation« von entscheidender Bedeutung sind.

Abb. 15 (zu Textseite 48)
Begegnung im Wasserspiegel
Unbewußtes Bild einer 37jährigen Patientin während der therapeutischen Regressionsphase.
Assoziation: »Ich hatte einen Traum, der mich sehr erschüttert hat: Jemand hat mich ins Wasser gestoßen. Ich glaube, es war meine Mutter. Das Wasser war ganz grün und durchsichtig. Ich hatte Angst, aber ich ertrank nicht.«

Abb. 16 (Ergänzungsbild zu Textseite 49)
»Der lautlose Schrei«
Prozeßbild aus dem Unbewußten einer 33jährigen Patientin
»Niemand hört meine Not, ich antworte immer nur anderen, die in Not sind . . .« Es handelte sich um eine Patientin mit einer ausgedehnten oralen Thematik, in der rapide, psychisch bedingte Gewichtsverluste vorherrschen.
Es ist ein Hilferuf und Abweisung zugleich. Die im Bild zur Darstellung kommende Körperlosigkeit betont den Konflikt der Patientin, die sich sozial und rational kontinuierlich verausgabte (oberer Pol), persönlich aber ängstlich und scheu sich verbergen mußte, aber immer darauf wartete, daß »jemand sie entdeckt . . .«

Abb. 17 (zu Textseite 55)
»Der im Mutterbauch gefangene«
Spontanzeichnung eines jungen Patienten; ängstlich, scheu, vor jeder Konfrontation mit der Außenwelt zurückschreckend, dabei auffallend hübsch, sensibel und anziehend wirkend. Ohne daß er es bisher merkte oder weiß, verhindert die Mutter jede Freundschaft. Großzügig – scheinbar – wird jede Partnerin zugelassen, angeschaut – und auf den Zaunpfählen scharfzüngiger Dialoge und überraschender Bloßstellungen aufgespießt. Das ängstliche »Hasen-Junge« bleibt trotz aufgestellter Schnurrbarthaare und steil erhobenem Schwanz(!) im Bauch der Mutter, die alles sieht, alles hört und alles in ihrem Schlund auffängt.

Abb. 18 (zu Textseite 59)
»Der Gefangene«
Unbewußtes Bild eines 27jährigen Patienten, mit schwerer neurotischer Depression, Autismus, Sexualneurose.
Eingesperrt im vegetativen Raum der Mutter-Natur (die Mutter war 39 Jahre alt, als der Sohn zur Welt kam) auf schmalstem Wege (»Feldweg«) und vor sich hinsehend, nur nach links gehend; »im schwarzen Gewand der Nacht«. Ein überdimensionaler schwarzer Pfeil versperrt den Weg nach rechts in eine Zukunft.
Aber eine große Sonne mit kräftigen Strahlen erhebt sich am Horizont, den viele phallisch anmutende Bäume säumen, gerade in diesem linken engen Bildbereich, während in dem bedrohlichen Pfeil eine dynamische Farbfülle imponiert, die an einen unbewußten und bisher energetisch-stummen Begabungskomplex denken läßt.
Mit der völligen Isolierung demonstriert das Bild die reale Situation des Patienten, der vor allem auch in dieser Zeit unter dem Zustand totaler Vereinsamung besonders zu leiden hatte.

Abb. 19 (zu Textseite 59)
Aggression im Spiegel
Bild des gleichen Patienten zwei Jahre später.
Sein Kommentar: »Da sitzt meine Mutter, sie versperrt mir den Zugang zum lebendigen Leben, sie will alles für sich, mich auch, ich darf nicht leben, wie ich will. Aber sie ist auch immer da, wenn sie nicht da ist. Wenn ich zu ihr gehe, werde ich immer verletzt.« (Siehe die scharfen Spitzen, die besonders in den Worten fühlbar wurden, die sie zum Sohn sagte). Und dann der erstaunliche Spiegeldialog des: Erkenne Dich selbst: »Das ist ein großer Spiegel, in dem ich sehr klein bin, ich sehe die bunten Linien – eigentlich schön – aber sie kommen wie Messer auf mich zu; wenn ich wüßte, was hinter dem Spiegel ist, könnte ich vielleicht etwas Neues entdecken.«
Auch hier stehen Todesbedrohung und Neu-Werden symbolisch dicht nebeneinander.

Abb. 20 (zu Textseite 67)
Begegnung mit der Tiefe
Unbewußtes Bild eines jungen Mannes während einer therapeutischen Regressionsphase.
Assoziation des Patienten: »Der da hat hineingeschaut und hat sich etwas herausgeschaut. Und da hat ihn das Entsetzen gepackt. Er ist nur noch eine Maske und in seinen Augen sitzt seine ganze Not.«

Abb. 21 (zu Textseite 69 f.)
Der Gefangene
Unbewußtes Bild eines 28jährigen Patienten aus der Initialphase der Behandlung.
Assoziation des Patienten: »Wenn ich da rauskomme, ende ich bei meiner Mutter. Und die bringt mich um . . .«

Abb. 22 (zu Textseite 69 f.)
In der Dornenhecke
Ein späteres Bild zeigt den Patienten nun aus dem Gefängnis befreit – er hat inzwischen geheiratet – aber noch immer eingesperrt in der Dornenhecke seiner matriarchalen Fixierung und durch einen weiten leeren Raum von seiner Frau und seinem Kind getrennt. Aber die Sonne kommt ins Bild – von rechts – also aus dem bewußten Raum, ein Baum wächst, und das Kind trägt einen leuchtend roten Strauß, den es für ihn gepflückt hat. Die Progression hat begonnen, und vor ihm (rechts im Bild) liegt die Zukunft.

Abb. 23 (zu Textseite 84)
Die Blendung
Unbewußte Zeichnung eines 32jährigen Patienten
Assoziation des Patienten: »Meine Kindheit ist Nebel. Ich erinnere mich an Nichts. Vergangenheit ist leer. Und warum soll ich an Morgen denken, wenn ich mit dem Heute nicht fertig werde?«

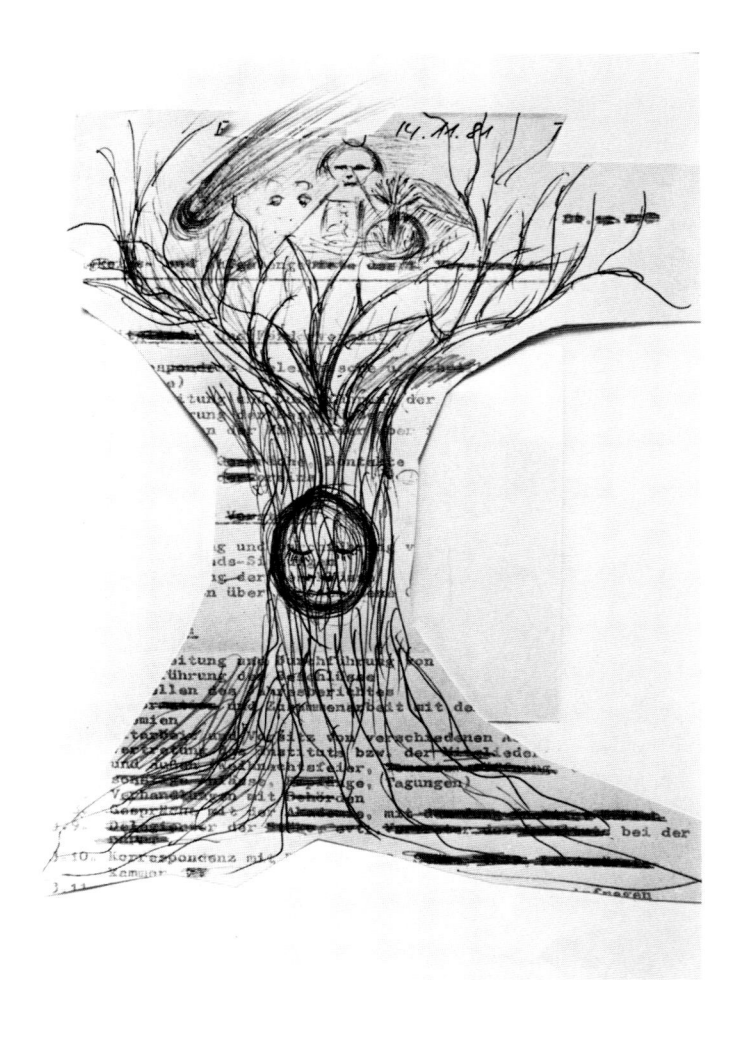

Abb. 24 (zu Textseite 86)
Von den Kräften der Tiefe
Kritzelzeichnung aus dem Initialbereich.
Assoziation des Patienten: »Ich träume in den Baum hinein . . .«

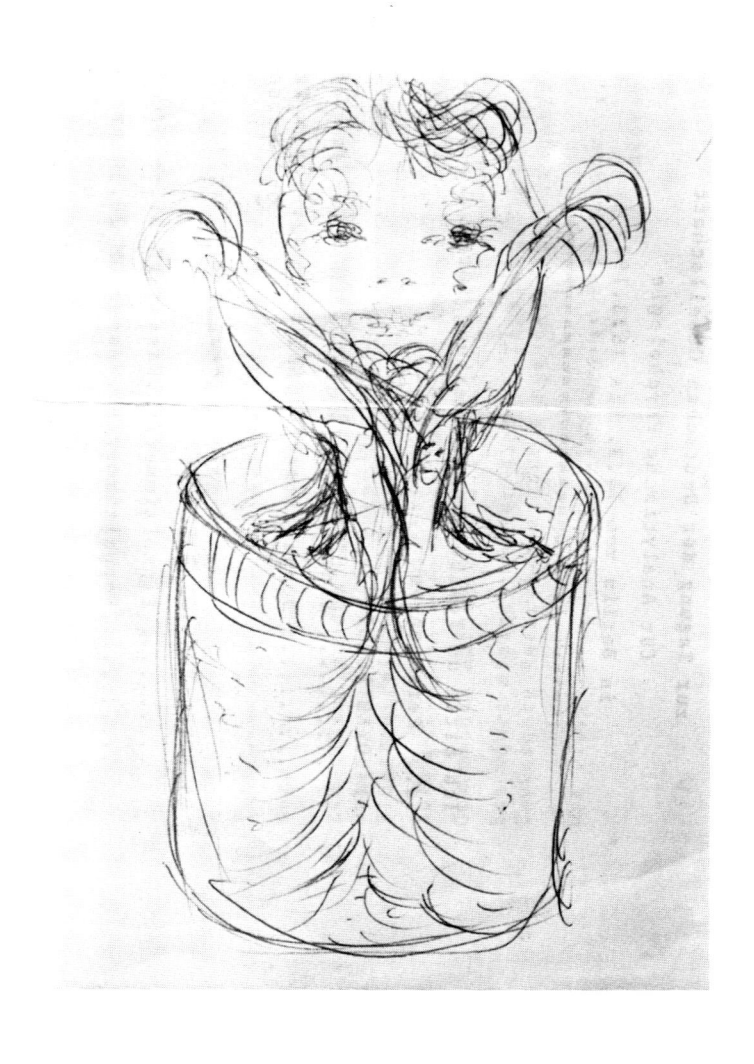

Abb. 25 (zu Textseite 86)
Dynamik der Animafunktion
Das Gefäß – die Wurzeln – das Auftauchen von Beziehungsmöglichkeiten über die weiblich empfangende Funktion der Anima. – Das innere Bild der Anima.

# TEIL II

Abb. 26
Der Lebensbaum
Einer trägt den anderen.
(Makondefigur aus Afrika; im Besitz der Verfasserin.)

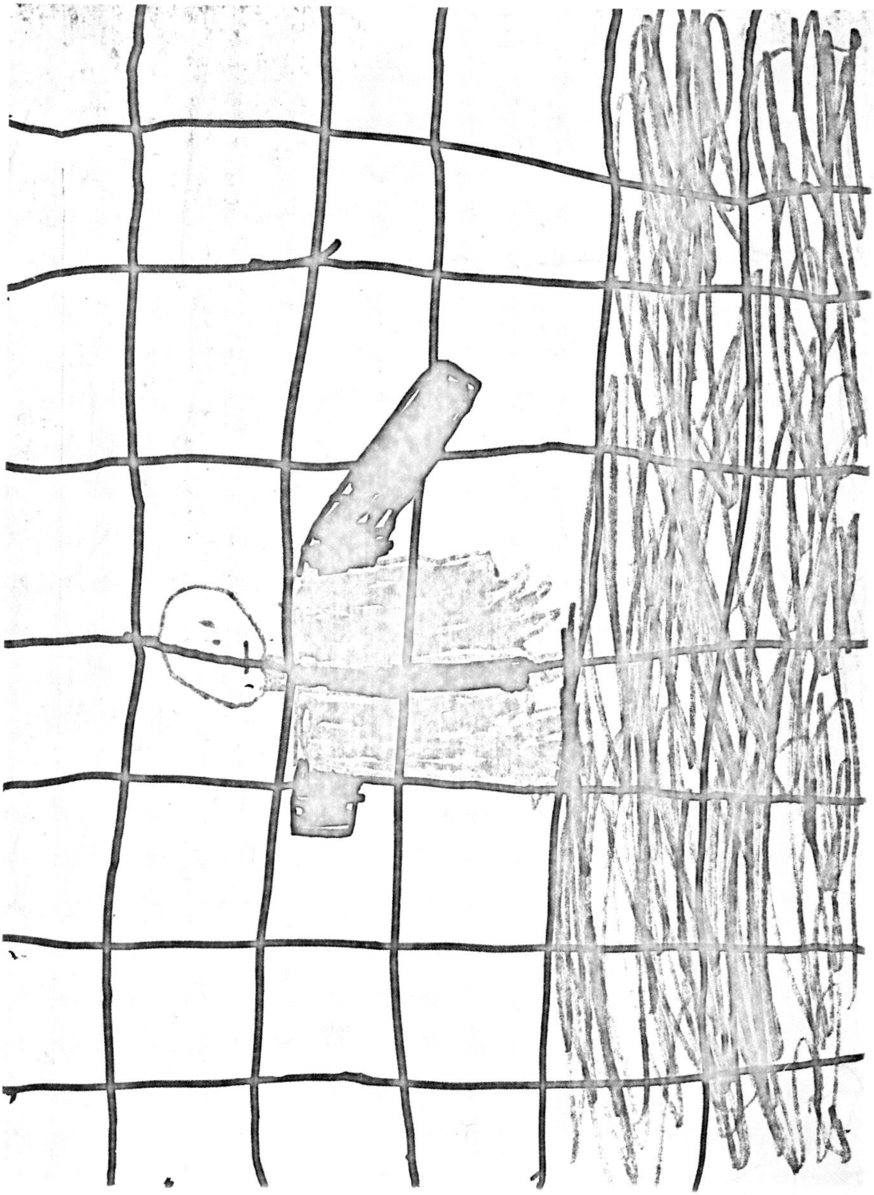

Abb. 27 (zu Textseite 95)
»Eine Vogelscheuche«
Das Bild von Marc-Anton, der in seinem 8jährigen Leben bereits eine Odyssee hinter sich hatte. Unehelich empfangen, Abtreibungsversuch der Mutter, Trennung vom Vater des Kindes, bevor es auf der Welt war, Pflegeeltern mit häufigem Wechsel, Aufenthalt im Kinderheim und schließlich – wie ein Wunder anmutend – eine neue Ehe mit einem jungen, aufgeschlossenen Vater, der sich des nur noch wie ein kleiner gerupfter Vogel wirkenden Menschenkindes annahm mit großer Güte und kontinuierlicher Zuwendung. Diesem auch war es zu danken, daß die Familie sich nun um Hilfe bemühte. Das erschütternde Bild entstand bei der Erstkonfrontation in der Untersuchungssituation.
Die Früh-Engramme zeigen Gitterstäbe, fehlende Beine und Hände, wie bei einem Contergangeschädigten. Die angstvoll und eng beieinanderstehenden Augenpunkte schauen gequält um einen wie zur Seite geschobenen Gitterstab herum, der das Gesicht brutal in zwei Hälften teilt. Die Ohren fehlen ganz. Der Körper wirkt wie an Kreuzen aufgehängt: »... eine Vogelscheuche ...«
Der Regressionsweg in die heilen Bereiche der archetypischen Matrix dürfte hier ein weiter Weg sein und bedarf großer Bereitschaft, die Angstschwellen bis zu einer »neuen Schwangerschaft« zu überwinden.

Abb. 28 (zu Textseite 95)
Der vaterlose Sohn
Zur Anamnese:
Das Innenbild eines hochbegabten kleinen Jungen von 6 Jahren mit schweren Konzentrationsstörungen, Kontaktarmut, einer schmerzhaft juckenden allergischen Hauterkrankung, Unverträglichkeit von vielen Speisen und als psychisch besonders alarmierendes Symptom: Stehlen und Schulunfähigkeit. Wen wundert es, wenn man dieses Bild betrachtet. Das Kind hat praktisch keinen Boden unter den Füßen, es ist nicht in der Lage, einen Standpunkt zu beziehen mit seinen verkrüppelten Gliedmaßen. Da, wo es fröhlich spielend die Welt erobern sollte, sitzt das große, fressende und bedrohliche Krokodil, dem es hilflos ausgeliefert zu sein scheint. Hier helfen keine Nachhilfestunden oder gar Einschulung in eine Sonderschule – dies um so weniger, als der IQ weit über dem Durchschnitt liegt. Hier zeigen das Symbol und das Symptom: Helft mir, mich selbst zu finden, um die gefährlichen Komplexe zu entladen.
Ein unehelich empfangenes Kind einer aus »sehr gutem Hause« stammenden jungen Frau. Abtreibungswünsche, Verleugnung der Vaterschaft, Wochenendbeziehung zwischen Mutter und Kind, schließlich eine Pflegestelle.

Abb. 29 (zu Textseite 95)
Abtreibungsversuch in der 9. Schwangerschaftswoche

Prozeßbild einer 46jährigen Patientin, die erst auf Nachfrage in der Familie von diesem Vorgang während ihrer eigenen »Frühest-Entwicklung« erfuhr.

Das gewaltig anmutende Einbrechen des Sonnenlichtes in die aufgebogenen Blütenblätter und die wie »schreiend« gemalte Profillinie der Mutterfigur gaben den Anstoß zu dieser Frage. Die Kelchblätter, die wie von roten Gefäßlinien durchzogen sind, liegen dicht an der Blüte, wurden aber von der Patientin selber als Wurzeln bezeichnet, und die Blüte selber scheint unter Wasser zu schwimmen. Die Patientin befand sich zu dieser Zeit in einer mit starken Ängsten verbundenen Regressionsphase während des analytischen Prozeßverlaufes. Ein Traumbild hatte dieses Bild initiiert.

Traum: »Ich fahre mit der Eisenbahn, ich will jemanden besuchen, ich weiß nicht mehr, wen, aber es ist wichtig, weil ich mir da etwas abholen soll. Ich bin schrecklich müde, aber ich habe auch furchtbare Angst, einzuschlafen, denn im Zug soll ein Mörder sein. Ich habe Angst, daß er mich aus dem Zuge rausschmeißen kann, wenn ich einschlafe. Ich habe den blödsinnigen Wunsch, daß ich mich ganz klein-machen möchte und mich irgendwo dahinter verstecken«.

Hier stehen Todesbedrohung und Neu-Werden symbolisch dicht nebeneinander.

Abb. 30 (zu Textseite 96)
Oralität und Sexualität
Unbewußtes Bild einer 45jährigen Patientin während einer therapeutischen Regressionsphase.
Anamnestische Fakten: Unerwünschtes Kind als Zweitschwangerschaft. Abtreibungsversuch der Mutter mit heißen Bädern und Springen über hohe Gegenstände. Von der Mutter als Vergewaltigung erlebte sexuelle Beziehungen mit dem Ehemann. Assoziation der Patientin zum Bild: »Oft ist es so, als wollte etwas mich innerlich auffressen – eine große Unruhe – vielleicht tatsächlich wie ein Feuer – es treibt mich um...« Die wesentlich im oralen Bereich fixierte Sexualthematik der Patientin kommt hier drastisch zur Darstellung. Der »Flammenherd«, der den quadratisch geformten Mund umkreist, sowie die auffallenden »Eulenaugen« des Kopfes enthalten als Chiffre aber auch das *transcedere* der Wandlungsmöglichkeit.

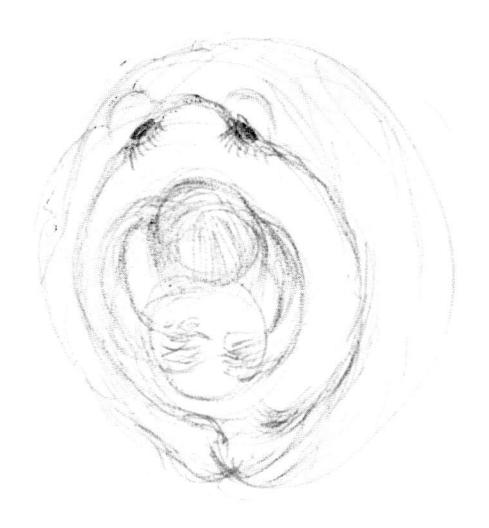

Abb. 31 (zu Textseite 96)
»in utero«
Unbewußte Kritzelei einer 37jährigen Patientin während einer therapeutischen Regressionsphase
Assoziation der Patientin während des Bilddialoges: ». . . das ist ja so, als würde das Baby im Mutterleib sich mit sich selbst schützen ...«
Die regressive Thematik, die psychodynamisch »in utero« führte, ließ ein biographisches Faktum sichtbar werden, das sich nun aktuell in der Symbolchiffre zur Integration anbot. Die Patientin wurde als Zweitschwangerschaft nur 6 Monate nach der Entbindung der älteren Schwester empfangen und war zu dieser Zeit rational unerwünscht. Die vom Wesen her aber deutlich mütterlich betonte Mutter wollte instinktiv viele Kinder und wehrte sich gegen die rationale Forderung einer Abtreibung. In der unbewußten Zeichnung überraschen die beobachtenden Augen, die ganz nach innen gewendet erscheinen und das sich mit »sich selbst« schützende Kind. Schwangerschaft und Entbindung verliefen komplikationslos. Aber der Säugling lehnte das Trinken an der Mutterbrust ab. Die Mutter mußte die Milch abpumpen, da sie sie reichlich zur Verfügung hatte. Das Leben dieses Kindes wurde später von »sozialem Auftrag« bestimmt, mit der betonten Devise: Schutz des Kindes. Dabei vergaß sie oft sich selbst. Das Bild erschütterte die Patientin sehr. Es signalisierte den schöpferischen Urbereich, der auf Entbindung ins eigene Leben wartet.

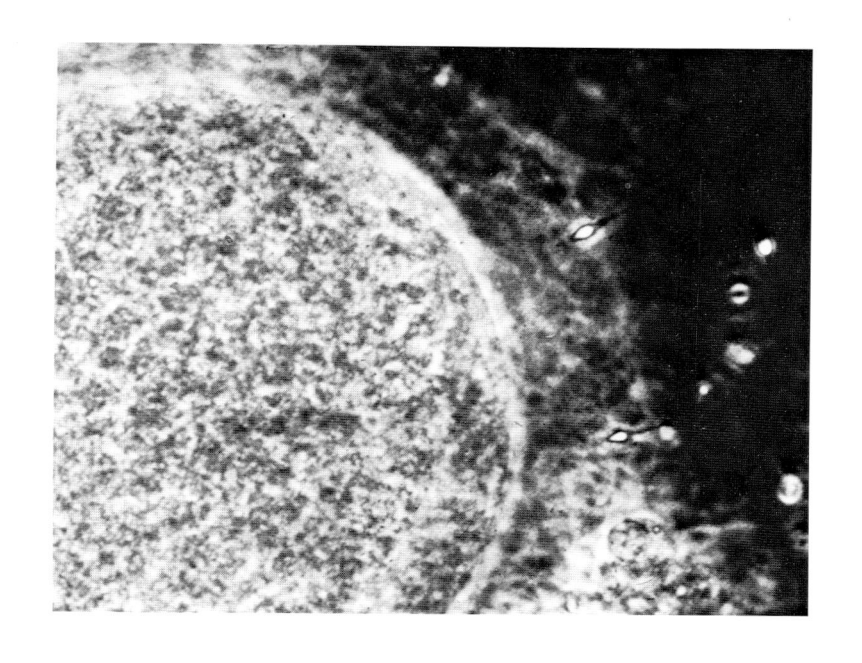

Abb. 32 (zu Textseite 96)
Die biologische Conjunktio
Röntgenaufnahme eines Befruchtungsvorganges: Die männlichen Samenzellen nähern sich dem weiblichen Ei

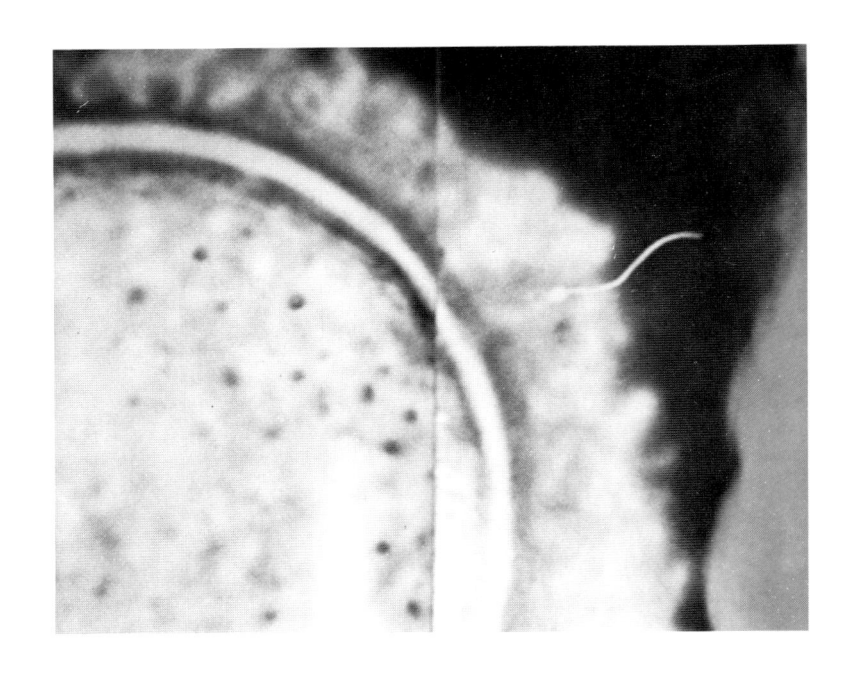

Abb. 33 (zu Textseite 97)
Die biologische Empfängnis: Das weibliche Ei und die männliche Samenzelle

Abb. 34 (zu Textseite 97)
Die psychische Symbol-Chiffre eines unbewußten Malvorganges: Zentrums-Dynamik um einen Lichtkern im Kreis als Ganzheitssymbol – das Alles Enthaltende – und von der Peripherie her, wie der Same in die Eizelle, eindringende Elemente in Kreisform (wie ein Samenkopf).

Abb. 35 (zu Textseite 98)
Psychische Symbol-Chiffre eines unbewußten Malvorganges: Stark dynamisch ausstrahlendes Lichtzentrum mit mandalaartig angeordneten Blütenblättern (mehrfache Betonung der Vierzahl). Vom Rand her bis ins Zentrum eindringende dreiecksförmige Elemente.

Abb. 36 (zu Textseite 98)
Die erste Teilung der menschlichen Eizelle etwa 2 Tage nach der Befruchtung.

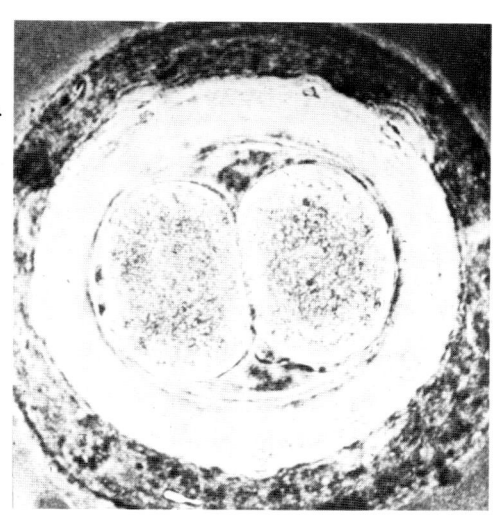

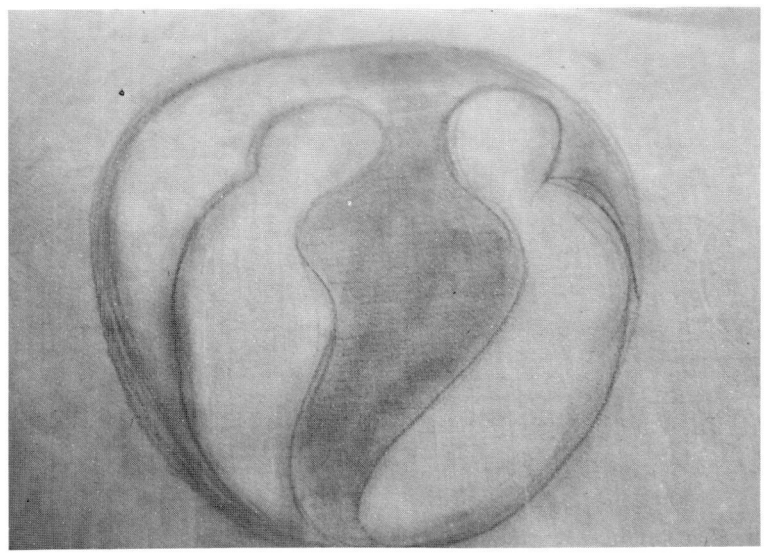

Abb. 37 (zu Textseite 98)
Die Ur-Dyade oder der Elternarchetyp im Kreis
Unbewußte Zeichnung einer 45jährigen Patientin während einer therapeutischen Regressionsphase.

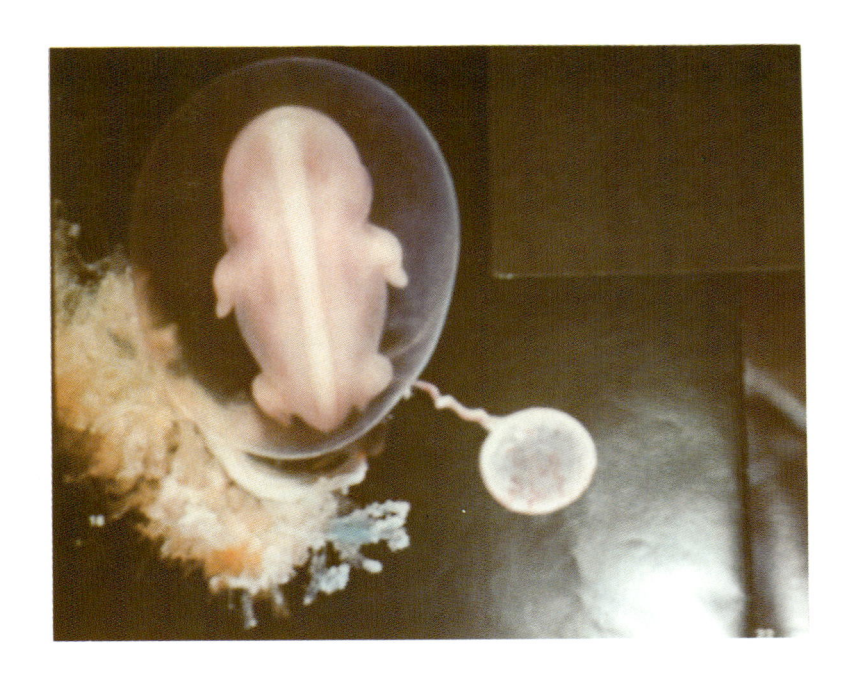

Abb. 38 (zu Textseite 98)
Embryo ganz »umhüllt« (Amnionsack)




Abb. 39 (zu Textseite 98) ▶
Unbewußte symbolische Darstellung einer 40jährigen Patientin: Die »ewige Nabelschnur« (die Lemniskate) und die kosmische Ganzheit in der Lichtsymbolik von Sonne, Mond und Stern.

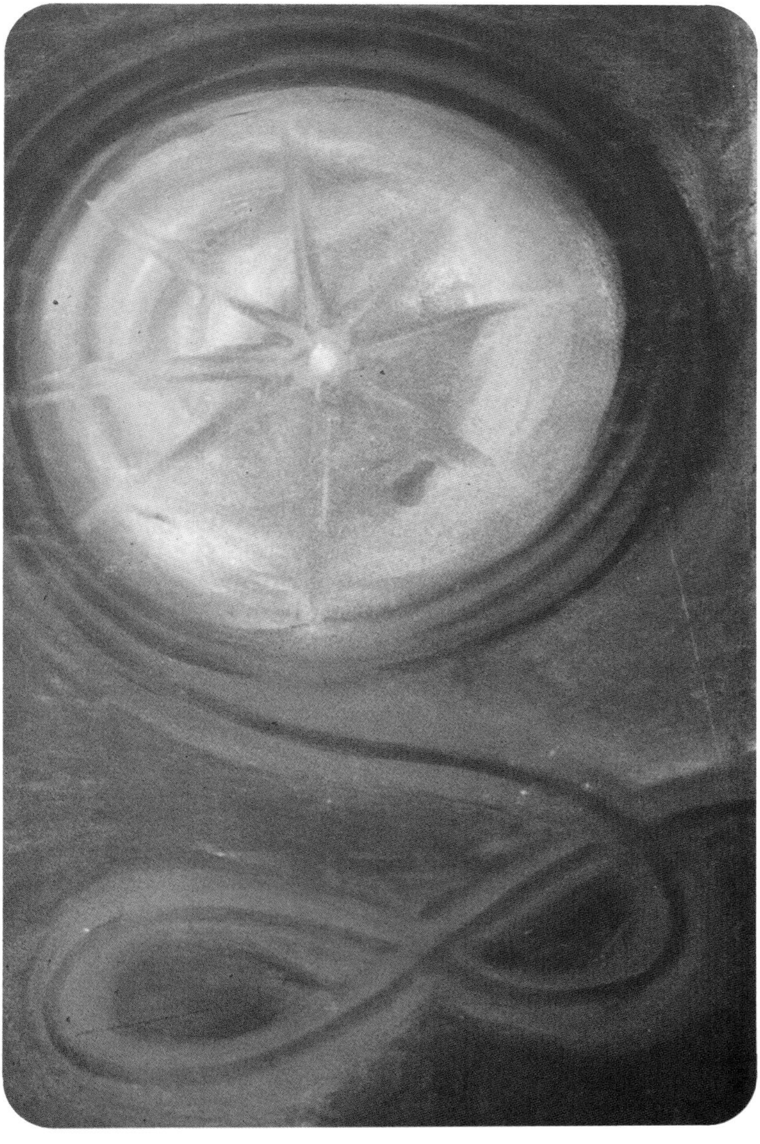

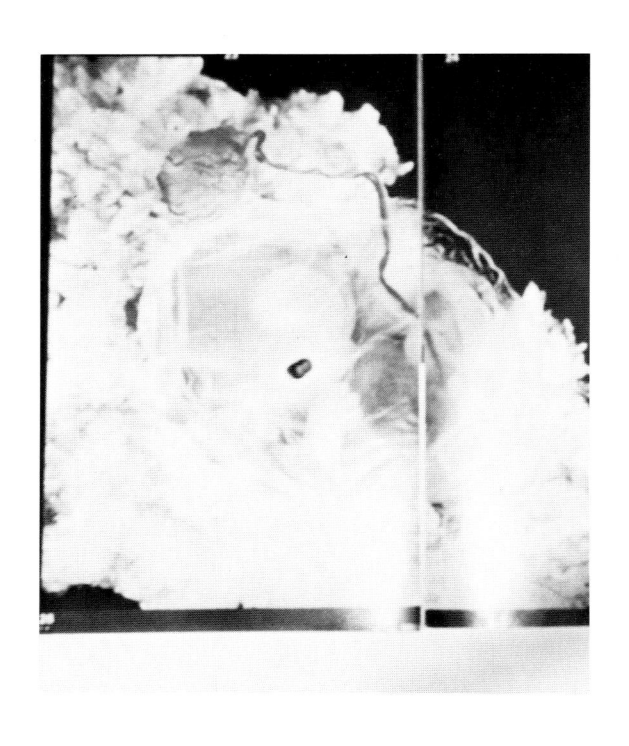

Abb. 40 (zu Textseite 98)
Fotografie eines Embryos in der 7. Woche

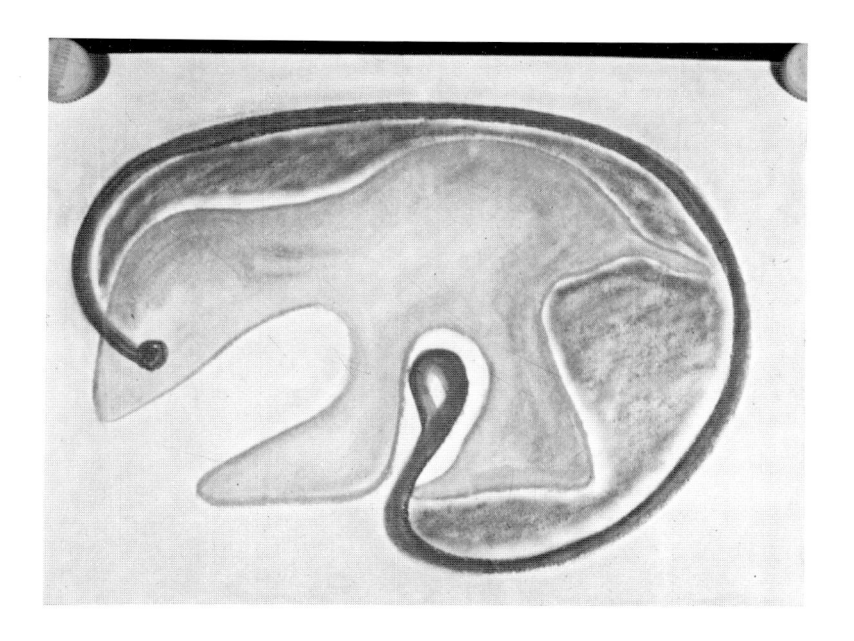

Abb. 41 (zu Textseite 98)
Unbewußte Darstellung einer 42jährigen Patientin. Positive Regressionsphase in praenatale Bereiche: Die »Nabelschnur der Entwicklungsfrühe« ist hier verbunden mit dem Auge eines archaischen Wesens, das embryonal noch undifferenziert formiert ist. Die Augen-Chiffre deutet darauf hin, daß der Beziehungsbereich zwischen der Bewußtseinszentrale und dem Anfangsgrund im Selbst dynamisiert ist.

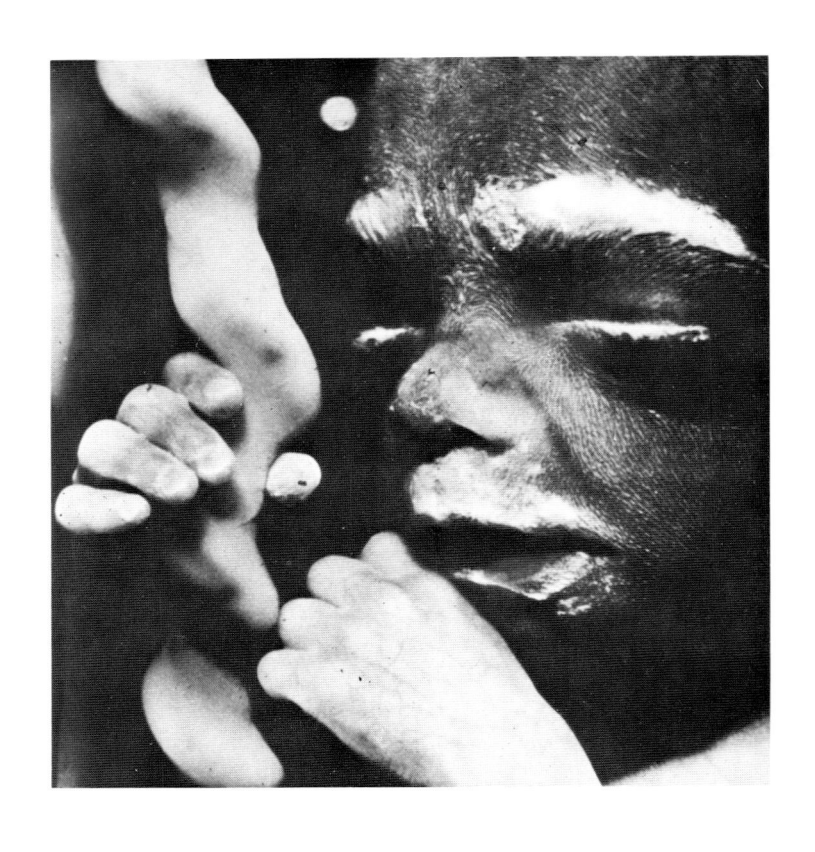

Abb. 42 (zu Textseite 98)
Embryo 5½ Monate

Abb. 43 (zu Textseite 98)
Unbewußte Darstellung einer 47jährigen Patientin. Positive Regression zu frühen Entwicklungs-Engrammen während des analytischen Prozesses.

Abb. 44 (zu Textseite 113)
Kreis-Symbolik
Der rituelle Tanz

Abb. 45 (zu Textseite 113)
Kreis-Symbolik
Das magische Ritual als Ausdruck menschlichen Bewußtseins und Willensaktes, mit dem Ziel, Abhängigkeiten zu durchbrechen und individuelle Unabhängigkeit zu gewinnen.
(Voodoo ceremony, Port-au-Prince, bei Gerhard Valcin, painting Heuti, c. 1961.)

Abb. 46 (zu Textseite 113)
Die Spirale als dynamisches Selbstsymbol
Spontanes Bild im Bereich der positiven Regression
Hier nimmt sie die Mitte des Bildes ein mit deutlicher Innenbetonung und leuchtendem Weg nach Innen als Suche nach Konzentration, aber auch nach »Außen« in das »dynamische Umfeld«, um nicht in eine Einseitigkeit oder Isolation zu geraten.

> DA ER EINEN AUGENBLICK LANG UNTER UNS ERSCHIENEN WAR, HAT
> DER MESSIAS SICH NUR SEHEN UND BERÜHREN LASSEN, UM SICH NOCH
> EINMAL, NOCH LICHTHAFTER UND UNSAGBARER IN DEN TIEFEN DER
> ZUKUNFT ZU VERLIEREN. ER IST GEKOMMEN! DOCH JETZT MÜSSEN WIR
> IHN IMMER NOCH UND VON NEUEM ERWARTEN – NICHT MEHR NUR
> EINE AUSERWÄHLTE GRUPPE, SONDERN ALLE MENSCHEN – MEHR ALS JE!
>
> TEILHARD DE CHARDIN

Abb. 47 (zu Textseite 113)
Kirchenplakat mit Zentrum-Symbolik
Die Ur-Geborgenheit und der VATER. Zentrumsymbolik mit dem »heiligen Kind«
in der Mitte in einem Lichtzentrum stehend. Die Ganzheitschiffre heißt: Conjunctio,
Empfängnis, Schwangerschaft, Entbindung: Der Weg vom Selbst zum Ich – vom
Ich zum Selbst.

Abb. 48 (zu Textseite 121)
Tibetisches Mandala-Symbol der Ganzheit
Die göttlich-ganzheitliche Ordnung in ihren tausendfältigen Manifestationen der Gegensätze.
Der oder die Kreise im Quadrat stellen symbolisch religiöse Erfahrungen dar und sind Meditationsvorlagen für die geistige Vereinigung (conjunctio) mit dem Göttlichen. Im Traum oder in der aktiven Imagination, sowie beim unbewußten Malen werden diese Symbol-Chiffren als WEGHINWEISER für die INDIVIDUATION interpretiert.

Abb. 49 (zu Textseite 121)
».. . Lange Zeit kreiste meine Hand, und dann wurde es in mir ganz tief und ruhig.«
45jährige Patientin. Prozeßbild 222. Stunde.
Aktuelle Situation: Äußerst ängstigend erlebte Situation, weil der Verlust des sehr geliebten Partners drohte. Da sie unter einem neurotisch stark aufgeladenen Trennungskomplex litt, wirkte die Verlustangst inflationistisch und verband sich mit suizidalen Tendenzen. Das Bild entstand nachts in einem Zustand höchster Erregung. Assoziation der Patientin: »Es war, als würde etwas in mir zerreißen – wie ein ganz großer Sturm. Ich hatte das Bedürfnis, ganz klein zu sein, fest eingehüllt, wie unzer-

65

reißbar. Ich habe alle Farbstifte in der Hand gehabt und sie kreisen lassen – nachdem das Gelb auf dem Papier aufgegangen war. Lange Zeit kreiste meine Hand, und dann wurde es in mir ganz tief und ruhig.«

Die eigentümliche Formulierung: »Nachdem das Gelb ... aufgegangen war«, läßt den Malvorgang plötzlich unpersönlich erscheinen, beinahe, als würden sich die Farben verselbständigen, beziehungsweise eben der unbewußte Motivator die Führung übernehmen. Ohne daß das Ich-Bewußtsein den Vorgang oder Inhalt deutet, wirkt er in diesem Fall entlastend, ordnend und – »... wurde es in mir ganz tief und ruhig« – nach innen zentrierend.

Das Bild: Spiraldynamik in eine Mitte, die einem Lichtzentrum gleicht, das den Spiralweg durchleuchtet. Die Symbolchiffre signalisiert eine wichtige Bewußtseinsschwelle zwischen Innen und Außen. Es ging um die eigene Innen-Licht-Findung, also um innere Werte, die von der Patientin bisher vor allem im äußeren Sein – und darum von ständigem Verlust bedroht – erlebt wurden. Das im Lichtraum dargestellte Auge, beziehungsweise der Kopf der Schlange signalisieren, daß es sich um einen bewußtseinsfähigen schöpferischen Prozeß handelt. Die Kreis- und Zentrumssymbolik läßt die Gefährdung, aber auch die bereits evozierte kompensatorische Energie ahnen.

Amplifikation: Unter vielen anderen Einfällen tauchte auch der auf, daß es an den Kopf einer menschlichen Samenzelle erinnern würde. Interessanterweise verhindert nach der Vereinigung von Samenzelle und Eizelle eine undurchlässige Schutzschicht das weitere Eindringen anderer Spermien, so daß die Vereinigung des Gegensatzes weiblich-männlich unter diesem Schutz die Urzelle des gesamten neuen Lebewesens entstehen läßt.

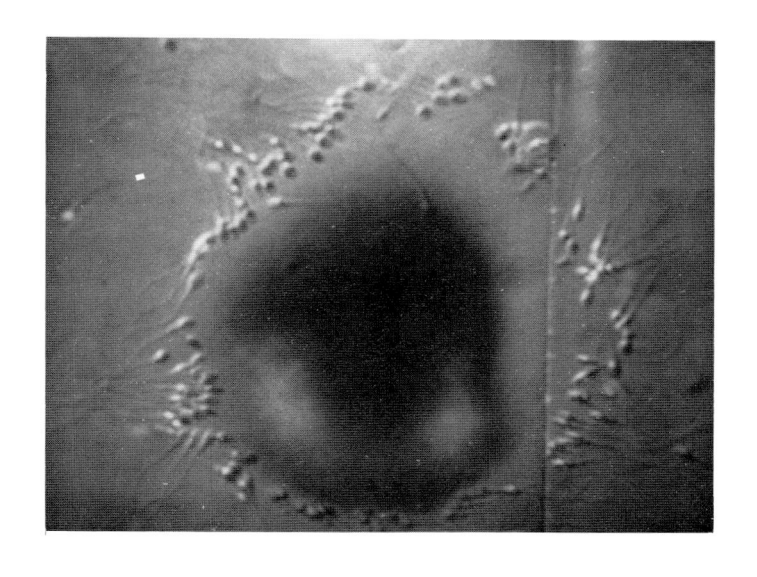

Abb. 50 (zu Textseite 122)
Röntgenbild einer Phase des Befruchtungsvorganges
Ein Schwarm von Spermien versucht in die Eizelle einzudringen.

Abb. 51 (zu Textseite 122)
»... In mir ist eine Kraft, die stärker ist als ich und dennoch bin ich es selber ...«
51jähriger Patient, Prozeßbild 321. Stunde.
Aktuelle Situation: Reaktive Depression, Ehekrise, plötzliche Faszination von einer jüngeren Partnerin. Die innere und äußere Existenz ist bedroht. Das Bild entstand im Bearbeitungsraum der Animafunktion und -faszination in einer Zeit heftigster aggressiver Durchbrüche.
Assoziation des Patienten: Das Bild war nach einer heftigen Auseinandersetzung entstanden, bei der ihm die Not,»ein menschlicher Mensch« zu sein, elementar bewußt geworden war.»In mir ist eine Kraft, die stärker ist als ich und dennoch bin ich es selber. Wie kann ich all das Gegeneinander zusammenbringen, ohne mich selber dabei zu verlieren oder zu opfern?«
Das Bild: Umgeben von einem Strichmeer ein mandalaartiges Gebilde, das sich fast mühsam eine gewisse Ordnung zu erzwingen scheint. Eigentümlich die kleinen, trompetenhaft oder glockenhaft anmutenden Gebilde, aus denen sich wie ein einzelner Ton ein kleines rundes Gebilde in die Dreiecksspitze zu begeben scheint. Und

eigentümlich auch die in den Dreieckswinkeln sitzende »aufgehende Sonne«. (?) Der schwarze zunehmende Mond »paßt überhaupt nicht ins Bild« – »Das Kreuz rechts im Bild ist mein Grab« und im linken unteren Bildraum sitzt wohl ein aggressiv geladener Komplex: »Damit schieße ich alle ab, die mir was wollen.« In der Mitte aber, deutlich in einem Frei- aber wohl auch Schutzraum: ein Auge. Auch hier deutet die Wegdynamik sehr stark nach innen und zur Mitte – in dem Sinne, daß das Ich-Bewußtsein die Zentrums-Impulse übernehmen und zum aktuell bestimmenden »Lebenston« werden lassen müßte.

Das Ordnungsgefüge konstelliert sich hier nur mit Mühe und signalisiert die Gefahrennähe einer Dissoziation. Symptomatisch bestand zu dieser Zeit eine schwere Schlafstörung mit zunehmenden Ängsten und anfallsweise auftretenden pektanginösen Zuständen. Das Zentrums-Thema tauchte bei diesem Patienten immer wieder auf und begleitete seine schwerwiegende Konfliktsituation. Eines dieser Signale aus der dynamischen Selbst-Instanz zeigt deutlich die Energie, die aus der Mitte zur Peripherie geschickt wird, um den Innenraum zu schützen und damit die tragfähige Matrix zur heilenden Regression anzubieten. Die Intensität und Konzentration, die zu diesen Bildern führt, hat eine oft tiefgreifende, beruhigende Wirkung. In diesem Sinne entstand auch das folgende, dynamisch-aggressiv anmutende und mit großer Intensität gemalte mandalaartig wirkende Bild, das etwas von der Energie ahnen läßt, die hier in die formende Gestaltung drängt.

Abb. 52 (zu Textseite 123)
Das MANDALA
Sehr kraftvolles mit »sichtbarer Intensität« gemaltes MANDALA, erektiv und flammenhaft wirkend, in dem das leidenschaftliche und aggressive Temperament des Patienten durch ihn selber quasi gezügelt dargestellt wird.

Abb. 53 (zu Textseite 124)
Ur-Begegnung im Schoßbereich und Wurzelraum.
26jähriger Patient, Prozeßbild aus der 162. Stunde.

Aktuelle Situation: Ablösungsversuche aus dem Elternhaus bei starker ödipaler Fixierung. Trotz guter Begabung sich wiederholende Versagens-Situation, Zurückweichen vor Realitätskonfrontationen, im Alltag Weinerlichkeit mit aggressiven Durchbrüchen.
Assoziationen des Patienten: »Immer sind es die anderen, denen es glückt. Wenn ich ›hurra‹ schreie, dann bestimmt auf dem falschen Bein. Ich habe immer das Gefühl, daß mich keiner versteht. Aber wenn ich ehrlich bin, dann mache ich es vielleicht auch schwer, daß man mich versteht.«
Das Bild: Regressionsversuch mit Schwellenüberschreitung der blockierenden Komplexe in den »Wurzelbereich der Ur-Beziehung« hier in einer fast uroborisch anmutenden Darstellung. Der Außenbereich der Realität ist, wie die spitzen Berggipfel signalisieren, schwer ersteigbar – Examensängste, Homoerotik, Suizidtendenzen – und der Baum, dessen Wurzeln tief in die Höhle hinabreichen, lebt mehr in die Tiefe und in der Tiefe, als in die Höhe. Beide Tiere sind ohne Augen. Instinkt ist es in diesem Zustand allein, der eine Progression ermöglichen kann. Aber diese Tendenzen tragen in der Bilddarstellung einen starken Strich und lebendige Dynamik. In der Tiefe ist es gesund, ist Beziehung, ist Geborgenheit, Wachstumsmöglichkeit für das Kleine und Aufrichtemöglichkeit (Erektivität) zum Großen.

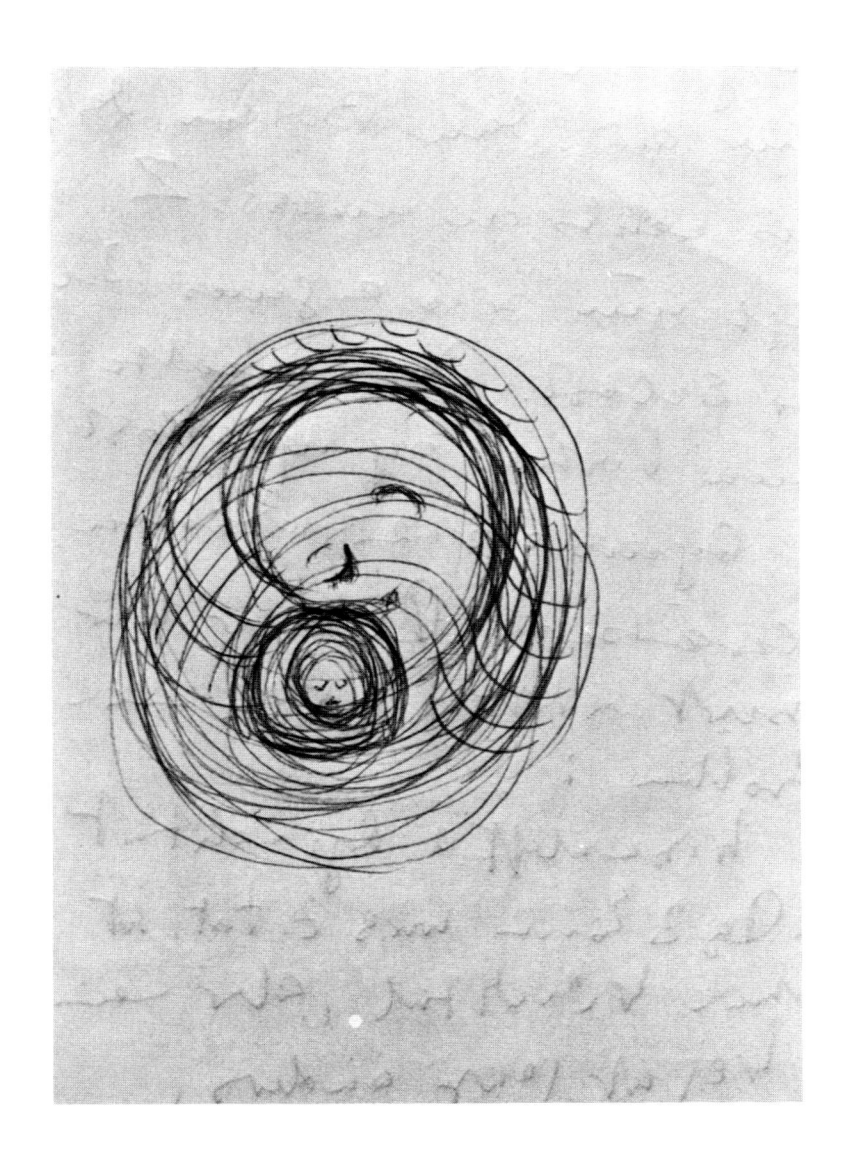

Abb. 54 (zu Textseite 124)
Symbol-Chiffre der Ur-Geborgenheit »in ovo«
39jährige Patientin, Prozeßbild 173. Stunde.

Aktuelle Situation: Diffuse Ängste trotz Bestätigung und äußerer Erfolge aufgrund eines unbewußten Minderwertigkeitskomplexes im Zusammenhang mit der Differenzierung der Weiblichkeit. Partnerschwierigkeiten, Angst vor der Liebe, vor allem vor Trennung und Bindung.

Assoziation der Patientin: Das Bild entsteht während einer heftigen telefonischen Auseinandersetzung mit einem Partner. Das Ferngespräch hatte ihre Angst vor Nähe gemildert. Die Gesprächsform zwang zum Zuhören und Antworten. Die Zeichnung beeindruckte sie nachhaltig, weil sie ihre Entstehung »eigentlich« bewußt gar nicht richtig miterlebt hatte.

Das Bild: Die Symbolchiffre der Urgeborgenheit und Urbezogenheit quasi »in ovo«. Die kleine Zeichnung enthüllt eine Kreis-, Spiral- und Wellendynamik und signalisiert damit bei aller Unauffälligkeit ein weites Wirkspektrum.

Die unbewußte Regression in dieses Früh-Engramm bewirkte bei der Patientin erstmalig die Möglichkeit, eine »vollkommene Hingabe« zu phantasieren, ein bedingungsloses Sich-Anvertrauen zu ahnen, mit der für sie ganz neuen Anerkennung, sich und damit aber auch den Partner loslassen zu können. Für die Patientin war als Innenerlebnis besonders wichtig, daß sie die symbolische Signatur dieser Zeichnung als Möglichkeit *in sich selber* erkennen konnte, daß Kind-Sein oder -Haben nicht an ein äußeres Objekt gebunden sein muß, sondern die Beziehung zu diesem von ihr sehr geliebten Partner schöpferisch und ungewöhnlich befruchten konnte. Das Behütete und Behütende, Einfühlende, aber auch sich Bewegende (die Wellendynamik) war ein Wegweiser, der den Ich-Selbst-Bezug der Patientin auf ihrem Individuationsweg bestimmend beeinflußte – und mit dieser Zeichnung für das Ich ein immer wieder neu erfahrbares Erinnerungs-Engramm setzte.

Abb. 55 (zu Textseite 125)
»Schauen kann sie, aber nicht zufassen...«
35jährige Patientin, Prozeßbild 115. Stunde.
Amplifikation der Patientin beim Bilddialog: »... Schauen kann sie, aber nicht zufassen. Sie hat keine Arme.« Und in Erinnerung an das Märchen vom Froschkönig: »Das muß sie ja aber, wenn sie den Frosch aus seiner Tiefe erlösen will.«
Aktuelle Situation: Auseinandersetzung mit einem sehr dominanten »Ahnenerbe und Elternraum«, mangelndes Realitätsbewußtsein, unbewußte Existenzängste und Schuldgefühle, beginnende Erkenntnis, eigene Möglichkeiten als wirklich eigen zu entdecken und die geborgte Persönlichkeit mit sich selbst zu füllen.
Assoziationen der Patientin: »Mit dieser Zeichnung ist es mir eigentümlich gegangen. Ungefähr zur Hälfte habe ich es gezeichnet, und eigentlich ohne daß es mir richtig bewußt wurde, war es dann so, als wenn es sich selber weiter gezeichnet hätte. Dabei hatte ich durchaus die ganze Zeit den Eindruck, daß ich den Stift in der Hand habe. Aber als ich fertig war, besonders als ich es mir am nächsten Tag anguckte, war etwas entstanden, was mir eigentlich doch nicht bewußt war.« Und nach einer Weile fast etwas zaghaft: »Ich mag das Bild. Da ist etwas von mir drin, was ich mag. Aber ich weiß nicht so ganz genau, was es ist, und ich komme auch eigentlich nur schwer dran.«

Das Bild: Es wird deutlich, daß hier das Bewußtsein beteiligt ist. Das Gesicht der in die Tiefe tauchenden oder schauenden Person blickt – wenn auch überraschend kindlich – beobachtend und begrenzt wahrnehmend. Dabei wird deutlich, daß das rechte Auge wacher und intensiver unterscheidet, während das linke Auge mehr wahrnehmend die Umgebung registriert. Der vital wirkende Fisch, der mit seiner Flossenbetonung und dem großen intensiven Auge einen starken Aufforderungscharakter enthält, stellt ein unmittelbares Beziehungsfeld zwischen der Oben-Unten-Dynamik her. Sein Schuppengewand enthält eigentümliche »Zeichen« wie »alte Hieroglyphen«. An seiner Kiemenseite taucht ein Sechsstern auf und ein Mandalasymbol, das über dem Kopf des Fisches zu schweben scheint. Die Sechs- und Vierzahl wird dadurch signalhaft betont und weist auf Ordnungsgefüge hin, die für die Patientin einen bestimmten Bedeutungscharakter haben müssen. Tatsächlich handelt es sich bei ihr um einen Lebensabschnitt der »Entsicherung« aus einem streng traditionsgebundenen Lebensgefüge und den dabei immer auftretenden erheblichen Verunsicherungen und Beängstigungen. Vom Traumsignal her muß etwas »aus der Tiefe« heraufgehoben werden, das für die Selbstfindung und Ganzwerdung der Persönlichkeit dieser Frau wesentlich war. Dabei spielte das Thema der Schatten- und Animusfunktion zu dieser Zeit eine wesentliche Rolle. »Am Fuße des Korallenbäumchens kommt ein Froschwesen aus einer Höhle heraus«, wodurch bei der Bildbetrachtung die Amplifikation des Märchens vom Froschkönig evoziert wurde. Gerade in diesem Märchen geht es um die Auseinandersetzung mit dem königlichen Verbot und Gebot, vor allem aber um das Ergreifen der Realität, wobei es eben das königliche Szepter des Vaters ist, das den Weg in die Tiefe initiiert. Sehr spontan als Einfall in das Bewußtsein einbrechend assoziierte die Patientin zu ihrer eigenen Überraschung: »Schauen kann sie, aber nicht zufassen. Sie hat keine Arme.« Und zu den Amplifikationen ergänzend fügt sie hinzu: »Das muß sie ja aber, wenn sie den Frosch aus seiner Tiefe erlösen will.«
Die Fülle der Bildsymbole soll hier nicht in aller Ausführlichkeit amplifiziert werden. Auch hier taucht aber im Zusammenhang mit der therapeutischen Regression aus der Tiefe und in der Tiefe die Signatur dynamischer Selbstsymbolik auf und schickt ihre heilenden und progredienten Impulse in das Ich-Bewußtsein.

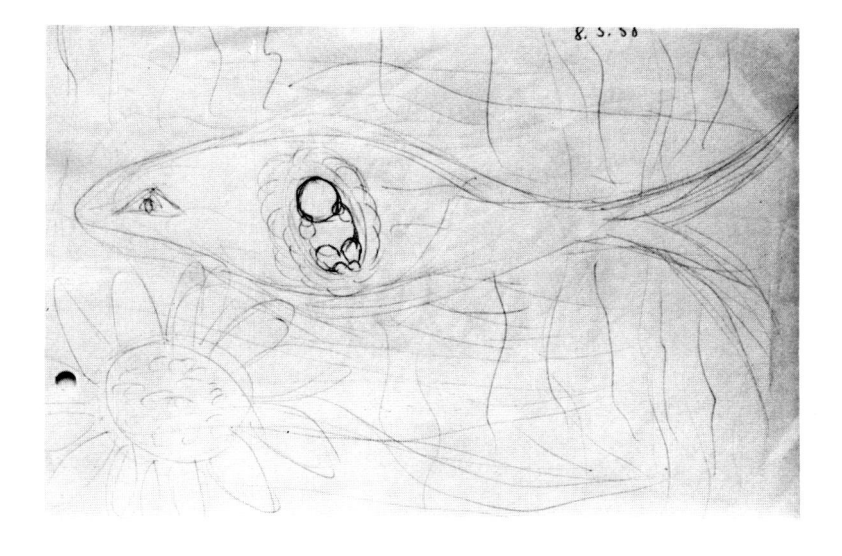

Abb. 56 (zu Textseite 127)

»Es ist ganz wach...«

Ein späteres Bild der gleichen Patientin zeigt sie weiterhin auf dem WEG in der Tiefe und in die Tiefe. Der Fisch schwimmt nach links mit der symbolischen Dynamik zum kollektiven Unbewußten hin. Das Auge des Fisches zeigt eine deutliche Dreiecksform: »... es ist ganz wach ...«  Das Auge betont in einer für die Patientin zunächst unbewußten Weise das »ewig offene, alles sehende Auge Gottes«; ebenso enthält es die Symbolchiffre des Dreiecks als Flamme und damit der männlichen Zeugungskraft, beziehungsweise des kreativen Bewußtseins.

Aus dem Grunde »blüht eine Sonnenblume, die ich so liebe«, die möglicherweise einen Begabungskomplex besonderer Fähigkeiten für das Bewußtsein chiffriert. Der Fisch trägt in sich ein Kind, ist also ein Enthaltender mit dem Kind als Enthaltenem, wobei dieses noch »in utero« befindliche Kind in besonderer Weise die Ganzheit aller Entwicklungsmöglichkeiten enthält. Es ist ein Auf-dem-Wege-Sein vom ICH zum SELBST, weil auf dem Wege vom SELBST zum ICH etwas vergessen oder nicht entwickelt wurde.

Abb. 57 (zu Textseite 127)
»... Ich bin eigentlich schon gestorben ...«

Das Bild einer 18jährigen Patientin, schwere reaktive Depression nach Suicid des älteren Bruders; danach dreimaliger Suicidversuch von ihr selber. 80. Stunde.
»... Ich bin eigentlich schon gestorben, ich sehe nur Grab, oder Nacht ohne jedes Licht ...«
Der Hintergrund des Bildes ist farbig und bewegt. Davor »steht« ein gespaltenes Gesicht im Raum mit einer rechten dunklen Seite und einer verhangenen oder »verbundenen« linken Seite. Die totale Gespaltenheit zeigt symbolisch das Abgesperrtsein von den heilenden Kräften des Unbewußten und gleichzeitig die neurotische Einseitigkeit des Bewußtseins. Der »zufällige« Tropfen unter dem Auge – die Patientin hatte ihn garnicht bemerkt – die große Träne der Trauer, wirkt wie der Beginn einer Dynamik, die aus der Erstarrung der Todessehnsucht herausführen könnte. Es beginnt etwas zu fließen. »Tränen sind warm. Mein Schmerz ist eiskalt ...«

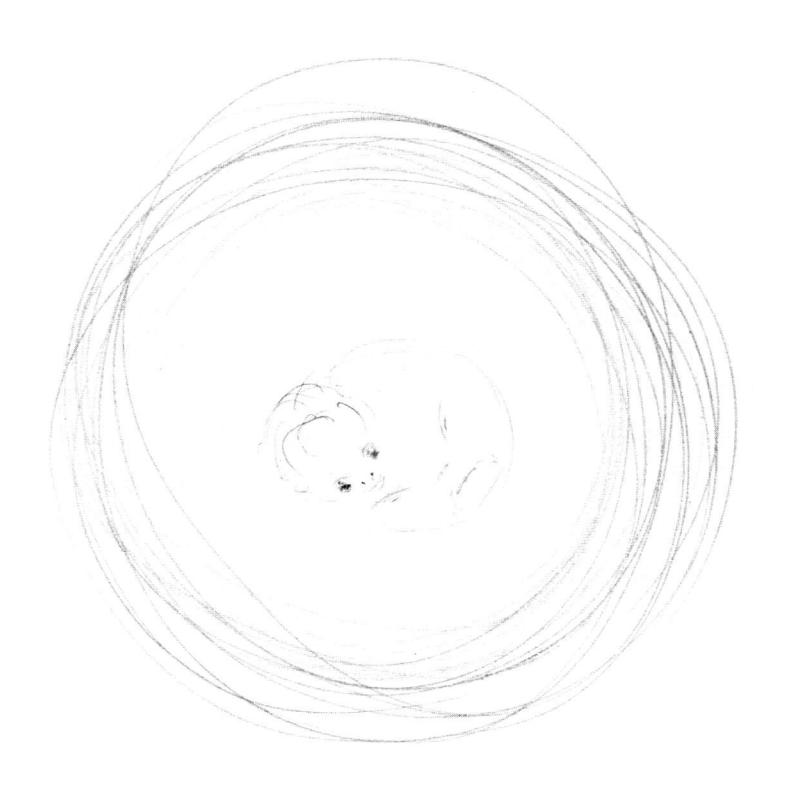

Abb. 58 (zu Textseite 128)
Die Möglichkeit einer neuen Geburt
Unbewußtes Malen: sieben Monate später entsteht die kleine Zeichnung auf einem Zettel in der Schule. Der Dialog darüber läßt erkennen, daß eigentlich ein Traum als Bildhintergrund der Motivator für die Zeichnung war:
»Ich weiß, daß irgendwo ein Kind ausgesetzt wurde, ich muß es finden, ich habe große Angst, daß ich den Weg nicht finde oder zu spät komme . . .«
Das Kind zeigt bei genauerem Hinsehen ein Doppelgesicht: Es sitzt quasi mit neugierigen Augen auf einem Kopf mit etwas grimmig oder verbittert aussehenden Gesichtszügen. Der vielschichtige Kreis umgibt schützend die Auseinandersetzung. Die Regression hat die energetischen Bereiche der Selbst-Instanz aktiviert. Die Patientin muß das »innere Kind finden«, das für sie eine Entwicklungs- und Entbindungsmöglichkeit enthält und sie aus einem Zustand der Identifikation mit dem Tod in eine neue Lebensphase hineinführt.

Abb. 59 (zu Textseite 128)
Die Ganzheit der Gegensätze
Unbewußtes Bild einer 36jährigen Patientin; Individuationsanalyse. Prozeßbilder aus der 150. Stunde.

Die beherrschende Hieroglyphe ist das Kreuz. Es steht hier schräg im Bild, ist eines der ältesten Symbole und hat Teil an der Symbolik der Zahl, des Weges und des Raumes. Die sehr eigenartige Dreiecksform, die sich durch die Schrägstellung dem Himmel und der Erde zuwendet, beziehungsweise dem Wasser, betont das empfangend Weibliche und das zeugend Männliche. Die Wiederholung des Kreuzes im Kreis in der Mitte des Kreuzes läßt auf eine besonders wichtige Innenthematik der aktuellen Situation schließen. Dies wird durch die Randbetonung des Kreises noch unterstrichen. Die Krone, als Äquivalent für die Sonne, und der zunehmende Mond weisen auf das kosmische Ur-Eltern-Paar und – im Gegensatz dazu – der Fisch auf das Enthaltensein in der Tiefe hin. Dazwischen der *Mensch*: als Hieroglyphe eines Ich-Bewußtseins, dem die Dimensionen der Ganzheit und der Gegensätze im *Traum* als Werdemöglichkeiten potentieller psychischer Energien annonciert werden. Schwimmend und schlafend signalisiert die menschliche Figur die HORIZONTLINIE, den Trennungsbereich zwischen bewußt und unbewußt. Der, in einer tieferen Schicht, ebenfalls angedeutete Fisch, weist auf die Möglichkeit des Tauchens (der Regression) in die Tiefe hin. Aus dieser Tiefe wächst etwas nach oben, offenbar aus einer wachstumsträchtigen Matrix.

Abb. 60 (zu Textseite 129)
»Gespräch mit dem Alten im offenen Dom«

Bild eines 52jährigen Patienten nach aktiver Imagination aus der 350. Stunde. Assoziationen des Patienten: Das »Gespräch mit dem Alten im offenen Dom«: »Die drei kreisförmigen Fenster liegen hinter dem Kreuz, das in einem Quadrat eingelassen ist, wie in einem Spiegel ... An der Wurzel des Kreuzstammes liegt ein Rad und ... das Kreuz, das Rad und der Schatz werden von der aufsteigenden Schlange bewacht. Das ist die heilige Schlange des Arztes, sie trägt alles in sich, darum hat sie ein Kreuz auf dem Kopf, sie weiß und sieht alles Leiden ... Das Steuerrad im Nordfenster weist auf meinen Tod hin – oder etwas muß sterben – oder vielleicht auch leben, wenn man auf die Schlange hört. Sie weist auf die Mitte des mittleren Fensters, der Vogel ist wohl ein Bote des freien Raumes, er ist zwischen Oben und Unten ... vielleicht weiß er mein Lied ...«

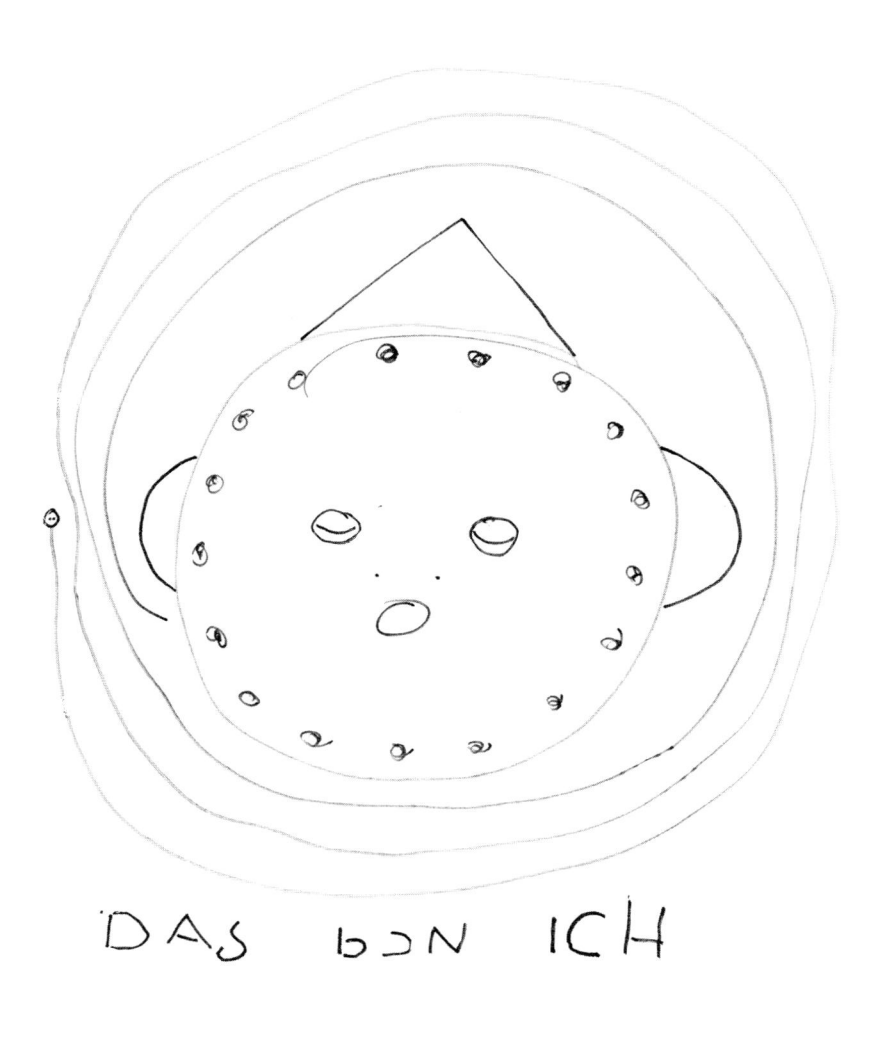

Abb. 61 (zu Textseite 135)
(siehe kleinen Schlangenkopf auf linker Bildseite)

Abb. 62 (zu Textseite 137)
Aus einem ägyptischen Mythologem:
Osiris stillt seinen Lebensdurst an der BAUMBRUST seiner Mutter-Schwester Isis.

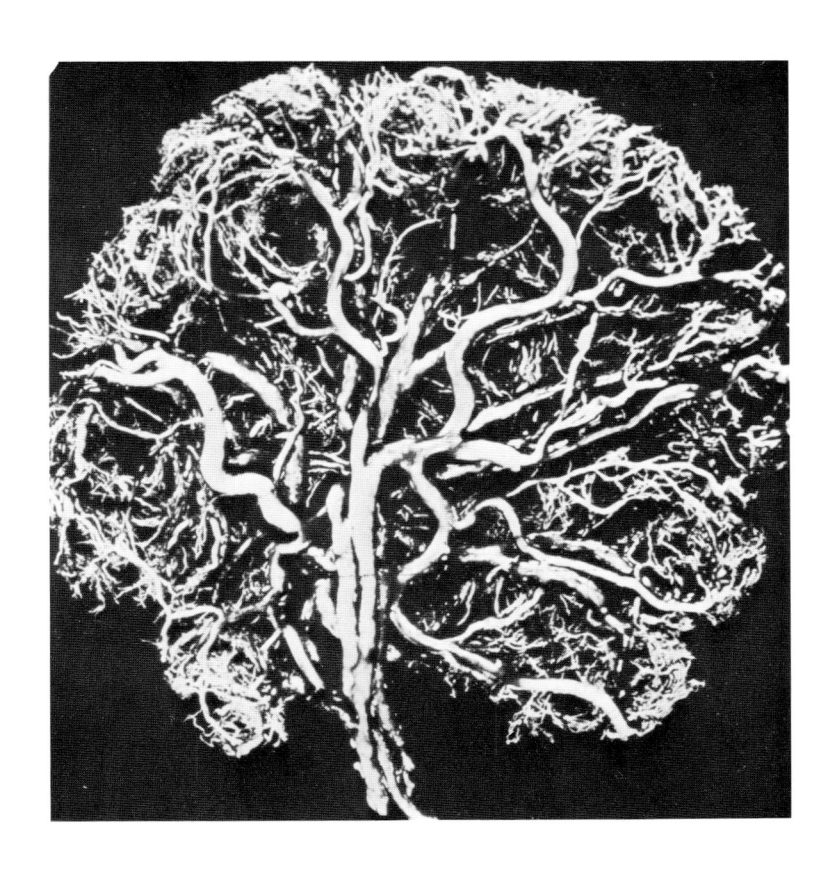

Abb. 63 (zu Textseite 137)
Die Plazenta als »Lebensbaum für den Embryo«, der prä-natale Lebensbaum.

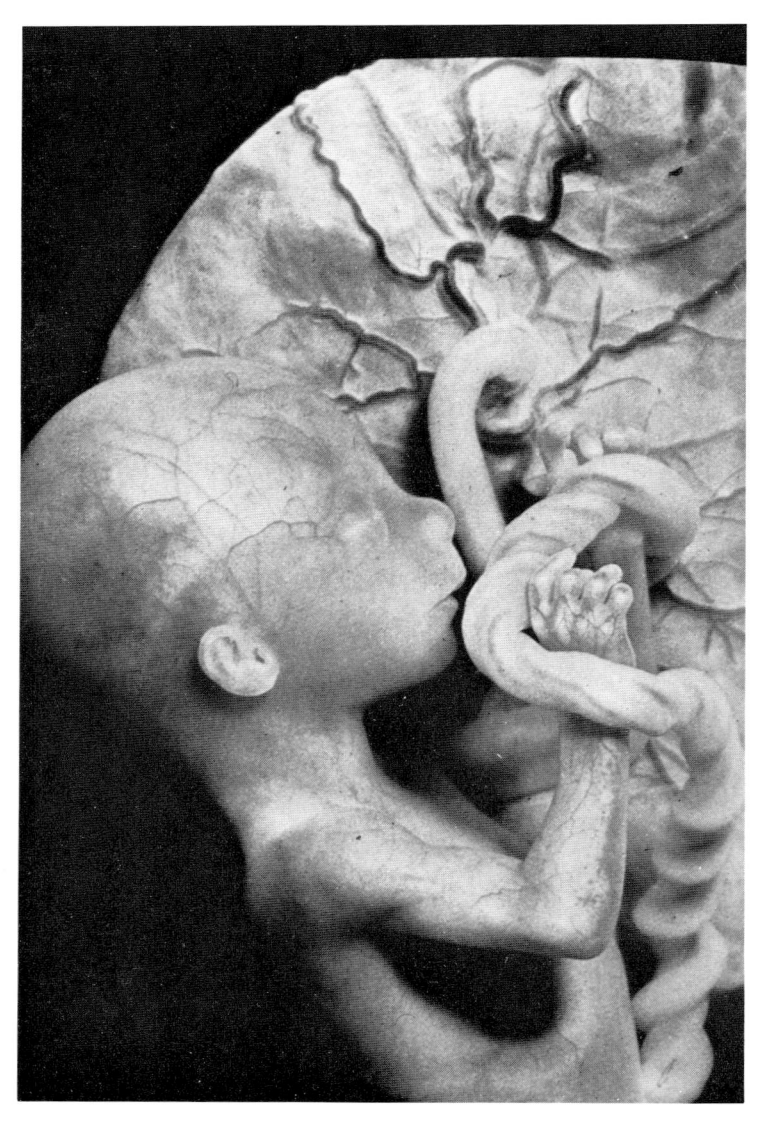

Abb. 64 (zu Textseite 137)
Embryo nach zwanzig Wochen Schwangerschaft, durch die Nabelschnur verbunden mit dem blutreichen Lebensbaum der Plazenta.

Abb. 65 (zu Textseite 137)
Die Baum-Mutter und Anima
Makonde-Figur aus Afrika, aus einem Ebenholz-Stamm geschnitzt (im Besitz der Verfasserin).

Abb. 66 (zu Textseite 137)
Lebensbaum im Todesbaum: aus den gleichen Wurzeln und einem Stamm in einer Krone vereint.

Abb. 67 (zu Textseite 137)
Interessante Darstellung aus dem Kreuzgang zu Brixen in der achten Arkade. Die Darstellung zeigt Adam und Eva neben dem Baum der Erkenntnis und den sieben Hauptsünden, die einen deutlichen und drastischen Eindruck vermitteln von der dämonisch aufgeladenen Aggressivität, und die im Zusammenhang mit dem »Baumereignis« im christlichen Mythologem entbunden werden.

Abb. 68 (zu Textseite 137)
Im Gegensatz zum christlichen Mythologem zeigt sich hier der Lebensbaum im indischen Kulturbereich: Die heiligen Schlangen bewegen sich bis in die obersten Zweige hinauf und demonstrieren damit deutlich den Zustrom der Lebenskraft aus dem chtonischen Bereich im Zusammenhang mit der erektiven Kraft des sich Erheben-Könnens. Menschen und Tiere wachsen wie reife Früchte und werden von den Wurzeln des Baumes her ernährt.

Abb. 69 (zu Textseite 138)
Die Kreisschlange und der Baum
Unbewußte Zeichnung einer 52jährigen Patientin. Individuationsanalyse.

Assoziation der Patientin zum Bild:
»Merkwürdig, der Baum sieht wohl mit der Wurzel, oder aus den Wurzeln heraus. Er sieht so aus, als würde er von der Schlange beschützt. Das Auge sieht viel, die Schlange sieht eigentlich nach Innen. In der Mitte sieht es ein bißchen nach Tränen aus. Da sitzen wohl meine Ängste. Und in den Zweigen hängt der Mond. Er macht den Baum eigentlich zum Menschen. Dadurch geben die Zweige irgendwie Signale.«

Im Grenzraum zwischen Wurzel und Stammbeginn treffen sich Schlange und Auge als Zeichen der Bewußtseinsentwicklungsmöglichkeit einerseits, aber auch der Bewußtseinsbeziehung zwischen der Ich-Instanz und der Tiefen-Schicht. Die Schlange schließt sich wie ein Kreis um den Stamm, liegt dem Baum quasi zu Füßen und stellt damit das lebendig Runde dar. Sie signalisiert das chtonisch Erdhafte ebenso, wie das erektiv sich Aufrichtende. In der Stamm-Mitte befinden sich zwei Augen, die in sonderbarer Weise nach innen schauen, als würden sie den aufsteigenden Lebensstrom beobachten. In der Baumkrone selber erscheint ein Gesicht, das ebenso wohl einem kosmischen Gestirn angehören könnte – dem Mond – das aber auch das obere Baumgesicht selber sein könnte. Von der Patientin wird es als Mondgesicht bezeichnet, und sie assoziiert dazu das alte Kindergedicht: »Lieber Gott mach mich fromm, daß ich in den Himmel komm, laß den Mond am Himmel stehen und die stille Welt besehen«. Aber sie assoziiert dazu auch: »Das ist ein wichtiger Baum, das ist mein Baum, vielleicht bin ich das auch selber.«

Abb. 70 (zu Textseite 139)
Unbewußtes Bild einer 43jährigen Patientin während der therapeutischen Regressionsphase, beim Übergang in die progressive Entwicklungsphase des Prozesses. Das Bild vermittelt tiefe Geborgenheit im Wurzelbereich, wobei gleichzeitig lange, feine Wurzeln aus dem Kopfbereich des Baumes in die Tiefe reichen und hierdurch die Verbindung zwischen oben und unten hergestellt wird.

Abb. 71 (zu Textseite 139)
Fotografie eines Banyan-Baumes aus Indien mit einem Tempel am Fuß des Baumes im Stamm und langen Wurzeln, die von den Zweigen bis zum Boden reichen.

Abb. 72 (zu Textseite 139)
Vergleichsbild:
Die Geburt des Frühlingsgottes Adonis nach zehn Monate dauernder Schwangerschaft aus dem sich wie ein Wunder öffnenden Stamm eines Myrrhenbaumes.

97

Die drei Bilder entstanden spontan und innerhalb einer Woche, sie fielen synchron mit einem bedeutenden und für die Zukunftsentwicklung der Patientin entscheidenden beruflichen Erfolg zusammen.

Abb. 73 (zu Textseite 140)
Die Trauernde und die Baum-Mutter
Auf Abb. 73 sieht man eine eher depressiv wirkende, in sich versunkene weibliche Gestalt zu Füßen eines Baumes sitzen, der einerseits mit auffallend breitem Wurzelbereich, einem sonderbar körperhaft geformten Stamm und zwei schlanken Zweigen – je einen nach rechts und einen nach links – die sich am Ende noch einmal auffächern in zwei schlankere Zweige, dargestellt ist. Die Hintergrundlandschaft erscheint sonderbar verschwommen und unscharf. Die Zweigarme wirken wie Lebensrunen, der Baumkopf mutet an wie ein auf die Seite geneigtes menschliches Gesicht. Die Assoziation der Patientin lautete: »Die Trauernde und die Baummutter.«

Abb. 74 (zu Textseite 140)
Die Schwangerschaft und das Kreuz im Kind
Auf Abb. 74 ist die sinnende Frau verschwunden, stattdessen hat der Baum üppige, runde »schwangere Formen« bekommen, und in seinem Innern taucht eine embryonale Figur auf, die eigentümlicherweise im mittleren Bauchbereich ein Kreuz aufweist.

Abb. 75 (zu Textseite 140)
Entbindung und Integration
Der schöpferische Impuls kommt aus den Wurzeln.
Auf Abb. 75 ist der Baum zu einem geisterhaften Wesen aufgelöst, lediglich die beiden Arm-Äste sind noch vorhanden, und zwischen den Wurzeln liegt ein wohl neugeborenes Kind. Die vorher auf Abb. 73 etwas statisch wirkende Gestalt ist jetzt wieder aufgetaucht, hat sich aufgerichtet und steht in einer offensichtlichen Beziehung zu diesem Kind.

Die drei Bilder signalisieren eine Schwangerschaft im Bereich der mütterlichen Matrix, wobei das anonym kollektive »Baumereignis« den mütterlich-geistigen Gehalt dieses Vorganges symbolisiert. Die Patientin hatte im Zusammenhang mit ihrem beruflichen Erfolg eine Entfaltungskraft ihrer Persönlichkeit erlebt und ihre lange Zeit dauernde depressive kühl abwehrende und ihren gesamten Lebensraum bestimmende »Magersüchtigkeit« aufbiegen können. Sie war zu den warmen, spendenden und fruchtbaren Wurzeln ihrer eigentlichen Persönlichkeit vorgedrungen. Das synchrone Erlebnis zwischen spontaner Anerkennung im Außen und der Neugeburt im Inneren initiierte in einer Ganzheitlichkeit ein Identitätsbewußtsein für ihre gesamte Persönlichkeit.

Abb. 76 (zu Textseite 141)
Der Mutter-Kind-Baum
Auch das spontane Bild einer 57jährigen Patientin, die den tragischen Tod ihres ältesten Kindes als nicht zu bewältigenden Schicksalsschlag erlebt hatte und seitdem verbittert und resigniert am Lebenssinn verzweifelte, symbolisiert das Mutter-Kind-Baum-Thema. Die Opposition gegen einen »solchen Gott, der so grausam und mitleidslos Leben vernichten könnte« vernebelte ihre eigentliche Verbundenheit zum geistig-existentiellen Raum, machte sie unschöpferisch und unzufrieden und führte schließlich zu einem Unfall, der sie für längere Zeit im Krankenhaus ans Bett fesselte. Die dadurch bewirkte Regression mit körperlich schmerzhafter Leidenszeit führte allmählich zu einer Lysis der aggressiven Verhärtung und ließ im Laufe des analytischen Prozesses das Bild entstehen. In sanfter Frühlingslandschaft – mit ausdrücklicher Betonung des runden Baumkopfes und Weglassen des Wurzelbereiches – ist hier in der Mitte dieses Baumkopfes in einer durch die Zweige fast eiförmigen

Umfangenheit eine weibliche Figur dargestellt, die ein Baby im Arm trägt. Es ist so, als hätte nun endlich die Rücknahme der Projektion auf das so sehr schmerzliche Todesereignis der Tochter erfolgen können: eine Rücknahme in den eigenen inneren geistig-mütterlichen Raum, in dem die Wiedergeburt des inneren Kindes – und das heißt, die Rückfindung zur eigenen inneren Selbst-Matrix – erfolgen und damit der Todesschmerz der Mutter transzendiert werden konnte in die Trauer um das individuelle Schicksal der Tochter.

Urbeziehungen herrschen zwischen dem Menschen und der Baumwelt schon seit jenen Zeiten, in denen Mythen und Sagen die geistig-seelische Existenz des Menschen bestimmten. Von der Weltesche Yggdrasil kündet der nordische Schöpfungsmythos in der Edda: Der Baum, aus dessen Wurzeln die Lebensquelle hervorsprang und an dem die Nornen – die Schicksalsgöttinnen – ihren Lebensfaden spannen.

Der uralte Baumname Ygg-drasil, der Baumleben symbolisiert und das Leben des Menschen: Winterruhe, aufsteigender Saft, blühende Knospen, Belauben, reifende Früchte, bunt werden und welken gehören in seine symbolische Dynamik.

Abb. 77 (zu Textseite 141)
Der Kreuzbaum
Unbewußtes Malen: Ein Bild der gleichen Patientin, das im weiteren Bearbeitungsprozeß entstanden ist: Das Lebensschiff ist wieder auf dem Meer, es trägt den »Schmerzensbaum«, der – wie das Spiegelbild im Wasser zeigt – weit in die Tiefe reicht. Es regnet, so wie die Patientin auch endlich wieder weinen konnte. Der Horizont ist licht und weit geworden. Das kosmische Gestirn wird von ihr als Mond bezeichnet: es sei ein Morgenmond, der ginge, weil die Sonne in Kürze über dem Horizont aufsteigen würde. Der ganze Horizont zeigt einen leichten Goldschimmer, der Kruzifixus erreicht in dieser Schwellensituation eine silbrige Durchsichtigkeit – als könnte das Element des Leidens nunmehr in den spirituellen Bereich geistiger Verarbeitungsmöglichkeit integriert werden.

Abb. 78 (zu Textseite 142)
Unbewußtes Malen: Todesthematik eines 53jährigen Patienten.
»Der Baum ist abgestorben, er steht in der Nacht, er steht rechts, das kosmische Gestirn geht unter, es war die Sonne.«
Die im Bildzentrum erscheinende Sonne weist nach links, zu »goldenen« Stufen, die nach oben führen. »Das ist Götterdämmerung, und das Reich geht unter, alles kehrt wieder an seinen Anfang zurück, ich bin es müde, ich brauche keinen Sonnenaufgang mehr...«

Abb. 79 (zu Textseite 142)
Unbewußtes Malen: Der Lebensbaum zwischen Erde und Himmel.
Mächtige breite Wurzeln in warmem Erdbraun gemalt, ebenso wie der breite, in der Mitte sich mächtig ausdehnende und zu einer Höhle erweiternde Stamm, »in dem man auf dem Wege ist«. Ebenfalls nach oben in die breite, üppige Krone mächtig ausladende kräftige Zweige – und zwischen den vier Stammzweigen, die sich weiterhin noch verzweigen: eine goldene, aufgehende Sonne, die mit ihrem Licht den ganzen Baum zu durchdringen scheint.

Abb. 80 (zu Textseite 142)
Vergleichsbild aus dem östlichen Kulturraum:
Der Buddha-Baum als kosmisches Zentrum.

Abb. 81 (zu Textseite 144)
Tibetisches Mandala-Symbol der Ganzheit.
Diese Darstellungen zeigen die »tausendfältigen Manifestationen der Gegensätze«.
Ein Feuerkreis soll mit seiner reinigenden Kraft das Unwissen im Bewußtsein verbrennen und damit alle negativen Einflüsse bannen. Ein Lotoskreis weist auf die spirituelle Wiedergeburt hin, wobei der Lotos selber als Blüte den Gegensatz der Reinheit darstellt, da die Pflanze aus der Tiefe des Erdschoßes, dem Sumpf herauswächst. Im Lotoskreis befindet sich das große Quadrat des transzendenten Raumes. Die verschiedenen Gottheiten, die den Buddha begleiten, stellen gleichzeitig seine verschiedenen Aspekte dar.

Abb. 82 (zu Textseite 145)
Darstellung der »zornvollen Gottheiten«: der dunklen, dämonischen Aspekte, die gleichzeitig Schutzgottheiten sind, oft umgeben von einer flammenden Aureole – vielköpfig, vieläugig, bewaffnet und mächtig: zur Überwindung und Bekämpfung von Dummheit, Torheit, Unwissenheit und Gefahr.

Abb. 83 (zu Textseite 145)
Der lichte Aspekt als Mandala und der dämonische Aspekt, der als zornvoller Gott und mächtiger Schutz auftritt, in einem eindrucksvollen Tantra.

Gerade an diesen Stätten des Todes und Vergehens aber wird auch der eigentliche Sinn der Wahrheit erlebbar. Das Zentrum des Mandala ist entweder die Buddhagestalt selber, oder ein viereckiges Gebäude, das entweder die Heilige Stadt beziehungsweise die Gralsburg oder den Königspalast darstellt, oder die Keimsilbe *Om*, symbolisch das innerste Sein des Menschen, das unzerstörbare Selbst. Es ist die Darstellung oder das Abbild der absoluten Wirklichkeit.

Abb. 84 (zu Textseite 147)
Göttin Kali, die sich selbst opfernd, andere Aspekte von sich – dunkle und lichte – ernährt im ewigen Wissen des schöpferischen *mysterium conjunctionis*.

Das Weltschöpfungslied
  Damals war nicht das Nichtsein, noch das Sein,
Kein Luftraum war, kein Himmel drüber her. –
Wer hielt in Hut die Welt; wer schloß sie ein?
Wo war der tiefe Abgrund, wo das Meer?
  Nicht Tod war damals, noch Unsterblichkeit,
Nicht war die Nacht, der Tag nicht offenbar. –
Es hauchte windlos in Ursprünglichkeit
Das Eine, außer dem kein andres war.
  Von Dunkel war die ganze Welt bedeckt,
Ein Ozean ohne Licht, in Nacht verloren; –
Da ward, was in der Schale war versteckt,
Das Eine durch der Glutpein Kraft geboren.
Aus diesem ging hervor, zuerst entstanden
Als der Erkenntnis Samenkeim, die Liebe; –
Des Daseins Wurzelung im Nichtsein fanden
Die Weisen, forschend in des Herzens Triebe.
  Als quer hindurch sie ihre Meßschnur legten,
Was war da unterhalb? und was war oben? –
Keimträger waren, Kräfte, die sich regten,
Selbstsetzung drunten, Angespanntheit droben.
  Doch, wem ist auszuforschen es gelungen,
Wer hat, woher die Schöpfung stammt, vernommen?
Die Götter sind diesseits von ihr entsprungen!
Wer sagt es also, wo sie hergekommen? –
  Er, der die Schöfpung hat hervorgebracht,
Der auf sie schaut im höchsten Himmelslicht,
Der sie gemacht hat oder nicht gemacht,
Der weiß es! – oder weiß auch er es nicht?

Aus der RIGVEDA, den ältesten heiligen Schriften Indiens (1200–500 v. Ch.), übersetzt von P. Deussen

Abb. 85 (zu Textseite 149)
Das Lebensrad
(Verdings bei Klausen, 1735)
Es wird vom Tod in Bewegung gesetzt. Immer noch steht er am Beginn und am Ende.

Abb. 86 (zu Textseite 150)
Das »innere Kind« ist wachgeworden
»... sie enthält in ihrem Dunkel die Sonne des ›männlichen‹ Bewußtseins, die als Kind dem Nachtmeer des Unbewußten entsteigt und als Greis darein versinkt. Sie fügt zum Hellen das Dunkle: sie bedeutet den Hierosgamos der Gegensätze und versöhnt die Natur mit dem Geist.

Abb. 46 (zu Textseite 113)
Die Spirale als dynamisches Selbstsymbol
Spontanes Bild im Bereich der positiven Regression
Hier nimmt sie die Mitte des Bildes ein mit deutlicher Innenbetonung und leuchtendem Weg nach Innen als Suche nach Konzentration, aber auch nach »Außen« in das »dynamische Umfeld«, um nicht in eine Einseitigkeit oder Isolation zu geraten.

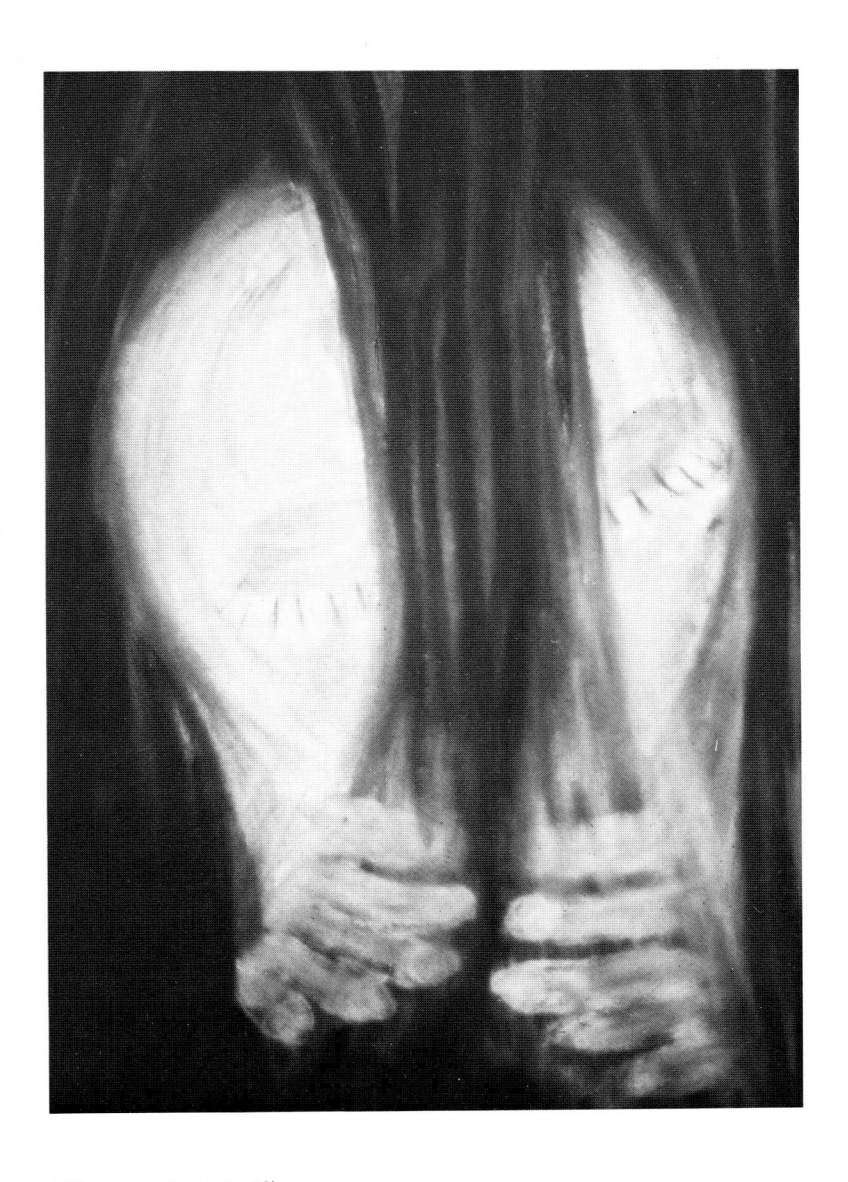

Abb. 43 (zu Textseite 98)
Unbewußte Darstellung einer 47jährigen Patientin. Positive Regression zu frühen Entwicklungs-Engrammen während des analytischen Prozesses.

Abb. 89 (zu Textseite 152)
Trennungskomplex
Bei einem weiteren Sandbild entsteht ein Friedhof mit dem »sitzenden Tod«, der seine Hände »segnend auf Steinköpfe legt ...«, »lauter Köpfe, vielleicht Hohlköpfe oder Gedankenmühlen, die alles zu Nichts vermahlen.«

Abb. 90 (zu Textseite 153)
»Ob der Tod wohl lebt?«

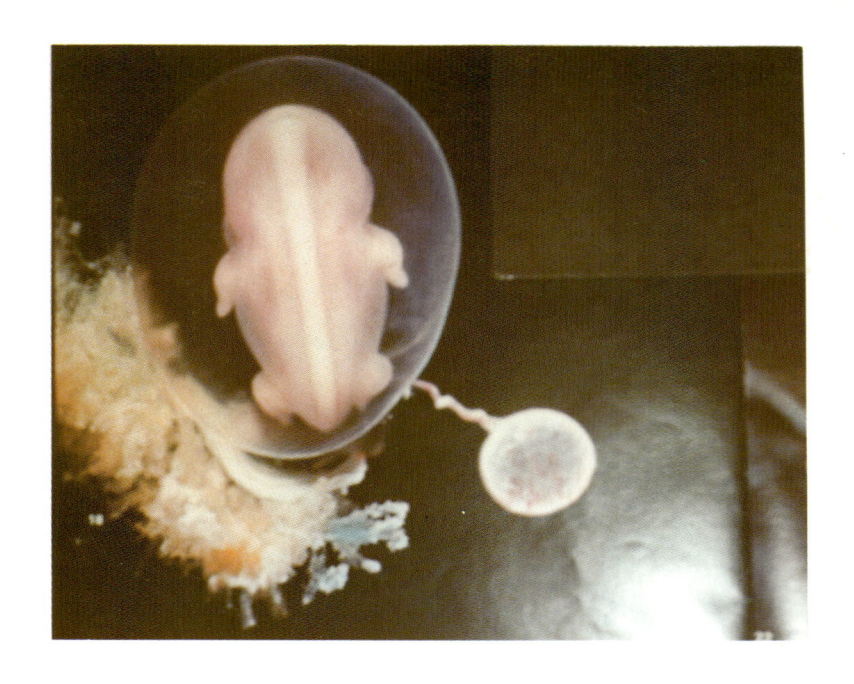

Abb. 38 (zu Textseite 98)
Embryo ganz »umhüllt« (Amnionsack)

Abb. 39 (zu Textseite 98) ▶
Unbewußte symbolische Darstellung einer 40jährigen Patientin: Die »ewige Nabelschnur« (die Lemniskate) und die kosmische Ganzheit in der Lichtsymbolik von Sonne, Mond und Stern.

Abb. 34 (zu Textseite 97)
Die psychische Symbol-Chiffre eines unbewußten Malvorganges: Zentrums-Dynamik um einen Lichtkern im Kreis als Ganzheitssymbol – das Alles Enthaltende – und von der Peripherie her, wie der Same in die Eizelle, eindringende Elemente in Kreisform (wie ein Samenkopf).

Abb. 93 (zu Textseite 153)
Der Friedhof ist verschwunden. In einem doppelschalenförmigen Stein liegen: ein schwarzes und ein weißes Baby. Dahinter ragt ein phallischer weißer Stein und darüber erhebt sich ein Schutzdämon mit zwei Pfauenvögeln (als Phönix- beziehungsweise Auferstehungs- oder Wandlungssymbole).

Abb. 94 (zu Textseite 155)
Das Abschlußbild der Serie: Das Schiff auf dem Meer, Grenze zwischen oben und unten, Höhe und Tiefe, Ich und Unbewußtem.

Abb. 95 (zu Textseite 155)
Aus der Tiefe entspringt der Quell des Lebens, aus der Ganzheit des Schöpferischen und des Empfangenden entwickelt sich die Ganzheit des gestaltenden Ich-Bewußtseins: vom Selbst zum Ich.